国有资产管理理论与实践研究新探

李 焱 叶 梦 付晓光◎著

中国商业出版社

图书在版编目（CIP）数据

国有资产管理理论与实践研究新探 / 李焱，叶梦，付晓光著. -- 北京：中国商业出版社，2024. 8.
ISBN 978-7-5208-3097-3

Ⅰ. F279.241

中国国家版本馆 CIP 数据核字第 2024KD4134 号

责任编辑：郝永霞

策划编辑：佟　彤

中国商业出版社出版发行

（www. zgsycb. com　100053　北京广安门内报国寺 1 号）

总编室：010-63180647　编辑室：010-83118925

发行部：010-83120835/8286

新华书店经销

北京四海锦诚印刷技术有限公司印刷

*

710 毫米×1000 毫米　16 开　14.5 印张　233 千字

2024 年 8 月第 1 版　2024 年 8 月第 1 次印刷

定价：88.00 元

* * * *

（如有印装质量问题可更换）

前　言

在经济全球化和市场经济不断深化的今天，国有资产管理作为国家经济的重要支柱，其有效性直接关系国民经济的稳健运行和社会福祉的持续增进。《国有资产管理理论与实践研究新探》一书，正是基于对国有资产管理重要性的认识，对国有资产管理的基础理论、实践运作及改革方向进行了全面而深入的探讨。

国有资产管理不仅涉及国家财政的稳健，也是推动社会经济发展、保障国家长治久安的关键因素。有效的国有资产管理能够促进资源的合理配置，提高资本的使用效率，增强国有企业的市场竞争力，从而为社会创造更多的财富和就业机会。同时，通过科学的管理和监督，防止国有资产的流失，保护国家和人民的利益，对于维护社会稳定和公平正义具有不可替代的作用。

本书从国有资产管理的基础概念入手，系统地介绍了国有资产管理体制的发展历程和现状，对产权界定、清产核资、统计评价等基础管理工作进行了详细阐述。在此基础上，书中进一步探讨了国有资本的筹集、投入、运营和收益管理等关键环节，提出了一系列创新的管理理念和实践策略。此外，书中还特别关注了资源性国有资产、行政事业单位国有资产的管理，以及国有资产流失的查处问题，为国有资产管理的全面性和深入性提供了保障。

在国有资产管理体制改革方面，本书深入分析了当前国有资产管理面临的挑战和问题，提出了改革的总体思路和具体措施。书中强调，要不断提高国有资产管理的效率和透明度，推进管理体制和运行机制的创新，以适应社会主义市场经济发展的新要求。

在本书的撰写过程中，我们广泛收集和研究了国内外国有资产管理的理论和实践成果，力求做到理论与实践相结合，深入浅出地展现国有资产管理的新进展和新趋势。然而，国有资产管理是一个复杂的系统工程，涉及经济、法律、管理等多个领域，加之作者学识和研究条件有限，书中的某些观点和论述可能存在不足之处。我们真诚地期待广大读者和同行专家提出宝贵的意见和建议，以便我们不断改进和完善。

最后，我们要感谢所有支持和参与本书编写工作的同人和朋友。他们的智慧和努力，为本书的完成提供了宝贵的帮助。我们也希望本书能够成为国有资产管理领域研究者、实务工作者以及广大学生的良好参考，为推动国有资产管理的改革和发展做出贡献。

目　录

第一章 国有资产管理基础

第一节 国有资产及其管理的概念

一、广义的国有资产

广义的国有资产包括：国家以各种形式形成的对企业的投资及其收益等经营性资产；国家向行政、事业单位拨款形成的非经营性资产；国家依法拥有的土地、森林、河流、矿藏等资源资产。国家代表全民，它是形成国有资产的投资者或股东。

广义上的国有资产与国有财产或国家财产同义，指依法归国家拥有的一切财产，既包括增值型（或称经营性）国有财产，又包括非增值型（或称非经营性）国有财产。从法学角度看，国有资产包括物权、债权、知识产权等有形财产和无形财产，这些财产属全民所有，即中华人民共和国全体公民共有。

在我国，国有资产主要由以下几个渠道形成。

①国家以各种形式投资形成的资产，包括国家投入国有企业、中外合作企业及其他企业，用于经营的资本金及其权益，以及国家向行政、事业单位拨入经费形成的资产。

②国家接受馈赠形成的资产，包括公民个人赠与我国的财产。

③国家凭借权力取得的财产，包括依法没收的财产，依法宣布为国有的城镇土地、矿藏、海洋、水流以及森林、荒山等，依法赎买的财产，依法征收和征用的土地，依法认定和接收的无主财产和无人继承的财产等。

④凡在我国境内所有明确的各项财产，除法律另有规定属于其他主体的，也属于国有资产。

国有资产的各种分类方法：经营性国有资产、非经营性国有资产、资源性国

1

有资产；固定资产、流动资产；中央国有资产、地方国有资产；按产业划分；按部门划分；境内国有资产、境外国有资产。

二、狭义的国有资产

狭义的国有资产就是经营性国有资产，指国家作为出资者在企业中依法拥有的资本及其权益。国有资产管理改革、国企改革（包括建立现代企业制度）之前用国有资产是合适的，都是国家拥有，国家使用，国家经营，国家管理；而现在用资本这个术语更准确，可以把国有资本与企业法人财产区分开来。

经营性国有资产包括：企业（包括国有企业和非国有企业）中的国有资产；为获取利润，把行政事业单位占有、使用的非经营性资产，通过各种形式转作经营的资产；国有资源中被投入生产经营的部分。

狭义的国有资产概念是经济学中的资本概念（会计学中的所有者权益），而非会计学中的资产概念。

狭义的国有资产即国有资本，包括国家作为出资者投入企业的资本，及其形成的资本公积金、盈余公积金和未分配利润等。对于国有独资企业来说，企业的国有资产就是该企业的所有者权益，即净资产。对于国家参股的股份制企业来说，企业的国有资产是该企业的所有者权益中的国家资本。

所有者权益是企业投资人对企业净资产的所有权，在股份制企业又称股东权益——包含所有者以其出资额的比例分享企业利润的权利。所有者权益在数值上等于企业资产减去负债。

（一）法人财产权

出资者将现金、实物、无形资产投入公司后形成资本，出资者在获得股权或所有者权益后，即失去了对其投入公司的资产的所有权和支配权；公司作为独立的法人拥有了对该资产的支配权，即法人财产权。

法人财产权的确认：新《公司法》第3条明确指出，公司是企业法人，拥有独立的法人财产，享有法人财产权，公司以其全部财产对公司的债务承担责任。

股东有限责任的界定：第4条进一步明确了股东的责任范围，即有限责任公司的股东以其认缴的出资额为限对公司承担责任；股份有限公司的股东以其认购的股份为限对公司承担责任。

法人财产权的排他性：公司成立后，公司财产权具有排他性，股东不得干预公司财产的独立性，公司财产只能用于公司自身运营和发展。

法人财产权的客体：公司法人财产权的客体包括公司所拥有的一切财产，不仅包括股东注入公司的资本，还包括公司从事生产经济活动后的增值财产，以及公司所创造的工业产权、非专利技术和商誉等无形资产。

法人财产权的内容：公司作为独立的法人，对自己的全部财产，享有独立的支配权，即占有、使用、收益和处分的权利。

法人财产权的恒定性：公司的法人财产权具有恒定性，它产生于公司的依法成立，消灭于公司的依法终止。只要公司法人没有终止，法人财产权就始终存在。

法人财产权的保护：新《公司法》还强化了对公司财产权的保护措施，对董事、监事、高级管理人员的忠实义务和勤勉义务进行了细化，明确了他们在维护公司资本充实、避免利益冲突、合理注意等方面的责任。

通过这些规定，新《公司法》确立了公司法人财产权的法律地位，为公司的独立运营、风险承担和市场竞争力提供了坚实的法律基础，同时也为股东的有限责任提供了明确的法律保障。

（二）现代企业制度中的基本产权关系

股东拥有企业资产的所有权，通过股息获得收益。优先股股东没有企业的经营决策表决权，但可获得优先股股息。普通股股东拥有企业经营决策表决权，这一权利实际上是部分占有使用权的表现形式。普通股股东不但可以依据资本财产所有权获得普通股股息收入，而且可以依据部分占有使用权获得部分红利收入。

董事会拥有部分占有使用权，表现为经营方案制定权。董事会成员依据劳动力获得基本工资，还凭借其经营方案制定能力，以无形资产所有者的身份，以年薪形式参与红利分配。

监事会拥有监督管理权。监事会成员凭借劳动力获得基本工资，还凭借监督管理能力，以无形资产所有者的身份，以年薪形式参与红利分配。

经理层拥有经营执行权。经理层凭借劳动力获得基本工资，还凭借管理才能，以无形资产所有者的身份，以年薪形式参与红利分配。

股东收益中的股息，董事会、监事会和经理层的红利都来自企业的利润，所以企业利润最大化不仅是企业追求的目标，也应该是这四个产权主体追求的目标。

三、国有资产的功能

借助国有资产可以维持国民经济控制力，宏观调控国民经济。涉及国家安全的、自然垄断的、提供公共产品和服务的支柱产业和高新技术产业。

自然垄断的行业随着科技水平的提高以及社会环境的改变，有可能成为非垄断行业。例如，在通信网络方面，随着科技水平的提高，电信公司一家独大的局面变成多家竞争的局面；在数据传输网络（俗称上网服务）方面，由电信网络一家提供服务的情况，变成电信（ADSL）、有线通（同轴电缆网络和光纤网络）、移动无线网络、联通无线网络等几家提供服务，展开竞争的情况。

国有资产的宏观调控作用表现在以下两个方面。

①通过调节国有资产总量逆向调节国民经济运行，以达到熨平经济周期的目的。使国家经济平稳运行，既不要太快，也不要太慢，GDP 增长率更不能像过山车一样大起大落。例如，在经济萎缩时可以增加政府采购或政府投资，也就是增加公共财产的办法，以刺激消费、刺激经济增长；在经济过热时可以减少政府采购或政府投资，以减少消费、减缓经济增长。

②通过乘数效应，增加国有资产投资可以带动更多的社会资本投入。

（一）使用国有资产宏观调控时的注意事项

使用国有资产宏观调控时的注意事项主要有以下几点。

①如果想让国有资产成为宏观调控杠杆，它就必须有增有减、有进有退；只进不退或有增无减只是单向调节。前面的增减只是增量的幅度增大或减小，总体仍是增加；而这里的增减指国有资产可能增加，也可能减少——在总量上。

②只要规范管理，适当出售部分国有资产不仅不会造成国有资产流失，反而会促进国有资产的保值、增值，因为国有资产的保值、增值只有在资本的运动过程中才能实现。

③根据马克思主义经济学原理，国有资本的出售与国有资本的投入一样，是正常的。关键在于出售价格是否合理，而出售价格是否合理又取决于出售价格的形成过程是否科学、规范、合法。

④一般而言，只要国有资本出售依法经过审批、资产评估和公开竞价，其价格就会比较公道，就不会出现国有资产流失，而且如果该国有企业的效益好，国有资本的运行效率高，出售价格就会高于出资时的原始价格或账面价格，这就实现了国有资本的增值。

⑤对上市公司，可以利用股市减持其国有股；对非上市公司，则允许该企业出售包括国家划拨的土地使用权在内的资产，将获得的收入用于结构（产品结构、业务结构）调整和企业发展。

有学者建议可将国有资产分为三类，实行三种管理模式。

①作为政府的宏观调控工具的国有资产，由政府直接管理。

②政府为使国有资产保值、增值而直接投资形成的国有资产，应当遵循有限政企分开的原则，由政府的国有资产管理机构以经济手段行使所有权管理职能。

③对大型国有控股公司和企业集团对外投资形成的资产：

注册资本登记管理：国务院发布了关于实施《中华人民共和国公司法》注册资本登记管理制度的规定，要求加强对公司注册资本登记的管理，规范股东依法履行出资义务，维护市场交易安全，优化营商环境。

股东权利保护加强：《中华人民共和国公司法》强化了股东权利，特别是中小股东的权利，包括知情权、参与公司治理的权利等，并规定了控股股东滥用权利时其他股东的救济途径。

国资创业投资管理制度：支持国有企业利用创业投资基金加大对科技领军企业、科技成果转化和产业链上下游中小企业的投资力度，并落实和完善国资创业投资管理制度。

国家出资公司特别规定：《中华人民共和国公司法》设立了"国家出资公司的

特别规定"专章,明确了国家出资公司的定义,包括国有独资公司、国有资本控股公司,并规定了国家出资公司中党组织的领导作用以及董事会成员中外部董事过半数的要求。

公司治理结构优化:《中华人民共和国公司法》对公司治理结构进行了优化,包括对董事会职权的调整、股东会职权的明确等,以提高公司治理效能。

注册资本实缴制:《中华人民共和国公司法》规定有限责任公司的注册资本为全体股东在公司登记机关登记的认缴出资额,要求自公司成立之日起五年内缴足,这将影响国有企业对外投资形成的资产的出资安排。

(二)我国国有企业的重要作用

国有企业是国有资产的重要组成部分,谈国有资产的功能,就不能不谈国有企业的作用。国有企业在中国经济中的三大作用是至关重要的。

第一,关键领域的"定海神针"。

第二,在公共领域提供普惠性的公共产品。中国铁路客运"白菜价"、城市地铁"白菜价"、公交"白菜价"、农村水电气网络"白菜价"、高等教育"白菜价"……这些同时代表着我国通过国企对全民基础公共产品的补贴,这些补贴客观上形成对外资进入中国市场的较高门槛。

第三,对外投资中体现国家意志的资本力量。对外投资也是以国企为主。与民间资本以利益为主的导向不同,国企对外投资往往都带着政治任务,体现国家的战略意志,不仅投得出去,而且收得回来。

因为背后的国家力量,我国国企在与西方资本的竞争中往往也具有较大优势。

国有企业是中国共产党重要的执政物质基础,也是我国国民经济的支柱。国有企业是我国先进生产力、国家综合实力和国际竞争力的代表,行业影响力强。我们应该正确认识和评价我国国有企业的作用。

四、国有资产管理概述

(一)国有资产管理的主要内容

国有资产管理的主要内容包括国有资产产权管理、国有资产投资管理、国有资产收益管理、经营性国有资产管理、非经营性国有资产管理、资源性国有资产管理、涉外国有资产管理、国有资产处置等。产权管理是首要的管理内容，是其他管理内容的基础和依据。投资是保值、增值的手段。国有企业想退出某个产业时，国有企业合资、合营以及破产时，涉及的国有资产处置。

（二）国有资产管理的总体目标

在政治目标方面，为国家履行政治职能提供物质基础，促进社会主义生产关系不断完善。在社会目标方面，促进社会进步、社会安定和社会公平。在经济建设目标方面，促进资源有效配置和经济成长。在宏观经济调控目标方面，促进物价稳定、充分就业和国际收支平衡。

（三）国有资产管理的具体目标

国有产权管理的目标：确立产权制度；建立企业法人财产制度；高效配置资源；国有资产保值增值。

国有资产投资管理的目标：奠定国民经济的物质技术基础；调整产业结构；增加财政收入。

国有资产收益分配管理的目标：合理确定国有资产收益在国家和企业间的分配比例；确保国有资产所有者获得投资收益，占有使用者获得红利收益；合理使用企业留利（企业留利的所有权仍属于国家）。

国有资产处置管理的目标：转让或授权经营国有资产，优化产业结构；建立竞争机制；提高资产质量。

国有资产清产核资管理的目标：清查资产；界定产权；重估资产价值；促进国有资产合理流动；为加强国有资产管理提供决策依据。

国有资产评估管理的目标：足额补偿固定资产；为依法征税提供可靠的依据；为确定产权、保护投资者的合法权益提供依据；为考核国企的经营业绩提供依据。

以上是管理企业国有资产的具体目标。

管理行政事业单位国有资产的目标：确保国有资产所有者的权益，促进国有资产的合理配置和有效使用；实行制度化管理；实行预算管理。

管理资源类国有资产的目标：维护国有资源的国家所有权；实现国有资源的产业化；有序开发资源。

第二节　我国国有资产管理体制概论

一、国有资产管理体制的内容

国有资产管理体制主要包括以下几个方面的内容。

（一）国有资产的行政管理体制

遵循"国家所有（统一拥有），分级行使出资人职责"的管理原则。

地方政府在坚持"国家所有"的前提下，享有完整的出资人权益，能自行决定其管辖资产的拍卖、转让等事宜，事实上相当于拥有了部分产权。这样能发挥中央和地方两方面的积极性。中央政府和地方政府分别设立国有资产监督管理委员会。

有学者建议，中央政府对国有资产只需保留两方面的权利。

①最终处分权。通过制定法律法规，必要时有权统一配置资源，依法调整出资关系，合理调整国务院、省级、市（地）级政府行使出资人职责的范围。

②引导规范权。包括确定国有资本控制范围的权限，确定国有股转让、出售的规则和程序的权限，规定国有股转让、出售收入的使用方法的权限，以及对各级出资人代表履行出资人职责、执行国有资产监管法律法规进行监管的权限。

1. 我国国有资产管理主体的四个层次

第一层是国有资产属于国家所有，即全民所有，国务院代表国家行使国有资产所有权。国务院下辖国资委、财政部、国家发改委、资源部（前身是国土部）、水利部等部委，而这些部委分别是某一领域的国有资产的所有者代表，但国务院并不拥有全部国有资产的所有权。在其他国家也由政府行使国有资产所有权，因为目前这是最佳的方法——政府的执行资源丰富，执行效率较高。所以一些研究者关于在人大常委会中设立国有资产委员会的建议尚不可行。

第二层是各省、自治区、直辖市、计划单列市人民政府。

第三层是地级市、自治州人民政府。

第四层是县级（市）人民政府。

2. 各级国有资产监督管理委员会的主要职责

①根据本级政府的授权，履行出资人职责，指导、推进国有企业的改革和重组。履行国有资本出资人职责，其具体实现形式是向有国有资本的企业派出出资人代表，即产权代表，经股东大会选举可以进入董事会、监事会。

②监督被监管企业的国有资产的保值、增值。

③推进国有企业的现代企业制度建设，推进其完善公司治理结构。

④推动国有经济结构和布局的战略调整。

⑤代表国家向部分大型国有企业派出监事会，负责监事会的日常管理工作。

⑥起草国有资产管理的法律、行政法规，制定有关规章制度。

⑦国务院国资委依法指导和监督地方的国有资产管理。

国资委履行其职责的法律依据是：根据同级政府的授权，依照《中华人民共和国公司法》、《中华人民共和国企业国有资产法》、《企业国有资产监督管理暂行条例》、《中央企业合规管理办法》、《国有企业参股管理暂行办法》、《中央企业安全生产监督管理办法》等法律和行政法规履行职责。

3. 国有资产管理主体之间的关系

①国务院与中央企业国有资产监督管理机构、中央行政事业单位国有资产监督管理机构、中央资源性国有资产监督管理机构之间，是授权与被授权的关系，实行分工管理的原则，即国务院授权其各职能部门分工履行国有资产监督、管理职能。

②中央与地方国有资产监督管理机构之间的关系，是指导与被指导关系，实行分级管理原则。地方各级分工管理国有资产的部门，在中央统一政策的指导下，管理所辖范围内的国有资产。

③各级国有资产监督管理机构与本地区相应级别的国有资产运营机构之间，

是授权与被授权关系。

④各级国有资产监督管理机构对本地区同级国家出资（指国家直接出资，而不是由国有资产运营机构出资）企业履行所有者和占有使用者职能；后者对前者（国有资产监督管理机构）负责，履行国有资产保值、增值的义务。

⑤国有资产运营机构对其控股和参股的国家出资企业行使所有者和占有使用者职责；国家出资企业享有法人财产自主经营权，对股东（包括国有资产运营机构）负责，履行公司法人义务。

⑥各级国有资产运营机构之间，各级国家出资企业之间，以及各级国有资产运营机构与各级国家出资企业之间，是独立法人之间的关系，可以建立产权交易关系，促进自由竞争、资本流动，打破地区封锁，实现国有资产优化配置。

4. 国资委的管辖范围

从行业上看，国务院国资委监管的企业主要是工业企业；但从资产的性质上看，国务院国资委是一部分金融资产的监管者。很多工业企业开始大规模投资、经营金融业务，中石油、中石化、中海油和中国国际航空公司等中央国企在金融业投入大笔资金。中意人寿、海康人寿等合资保险公司的国有股权都被记在国务院国资委的名下。国资委单纯作为非金融国资出资人的角色正变得模糊。

目前，我国国有企业分为六大类：国资委管理的工业、商贸、运输、科技等类型的国有企业；由有关机构管理的金融类国有企业；宣传部门管理的文化类国有企业；教育部门管理的校办类国有企业；中国铁路总公司管理的铁路类企业；财政部门管理的烟草、邮政等类别的国有企业。这六大类国有企业具有不同的特点且由不同的主体管理，因此每一类形成了有各自特点的管理体制。

国资委执行国家统一的财务会计制度，在这一方面接受财政部监督；国资委管理的国有资产统计结果报财政部备案；国资委起草、拟定国有资产管理法律、法规，应征求财政部的意见。

还有一些正部级企业也不受国务院国资委领导，如中信集团、中投公司、国家开发银行、中国铁路总公司等。

5. 国资监管大格局的构建

专门的金融国资委，统一担负管理金融风险、金融业结构调整、国有金融资产保值增值三大任务。不过我国的实际改革情况并未沿着这个方向发展。

6. 当前我国国有资产管理体制改革的目标

①把政府的社会经济行政管理职能与国有资产管理职能分开，即国资委只负责国有资产所有权的管理，不具有经济、社会管理职能。

②政事分开：国有资产管理的重大政策、规模调整和布局调整等必须由国务院决定，甚至必须经过人大讨论通过（政）；具体的国有资产管理事务由国资委负责（事）。

但《企业国有资产法》第53条规定：国有资产转让由履行出资人职责的机构决定；该机构决定转让全部国有资产，或者转让部分国有资产致使国家对该企业不再具有控股地位时，应当报本级人民政府批准。该规定使政府能有效监管国资国企，但又不直接干预其正常经营。

7. 国有资产管理体制改革、国企改革与政府改革是相互促进的

例如，多地实践表明，可通过国资管理创新带动国企改革发展，上海在这方面的工作思路和实践就受到中央的肯定。

（二）国有资产其他方面的管理体制

1. 国有资产投资管理体制

我国现行的国有资产投资管理体制遵循国家统一计划、分级管理的原则。首先，由中央政府根据国民经济和社会发展的总体情况，确定国有资产的投资总规模、投资方向以及资本布局，按国民经济发展计划，在部门和地区间分配投资指标。其次，关系国民经济全局的重大项目由国务院的经济计划综合部门直接安排、管理。再次，大中型国有资产投资项目须列入国家经济发展规划，接受国家统一调度。最后，一般的国有资产投资项目按其隶属关系由国务院各部委或地方政府安排和管理。

2. 国有资产经营管理体制

设置国有资产经营管理体制时，须将政府的行政管理与国有企业隔离，防止政府直接干预国有企业。

3. 国有资产的企业管理体制

在现代公司制度中，有限责任公司和股份有限公司管理体制是典型代表。构成现代企业制度的核心要素是法人财产制度、法人治理制度、有限责任制度等。建立现代企业制度是国有企业改革的方向。

（1）法人财产制度

法人财产制度是以企业法人而非自然人作为企业资产的控制主体的一项企业制度。法人财产制度把企业的财产权利分解为财产终极所有权和法人财产权这两种权利。

终极所有权即出资者所有权，可以表现为股权，出资者只能运用股东权利（依法、遵循公司章程）影响企业行为，而不能以出资者的个人身份支配企业财产，也不能直接干预企业的经济活动。法人财产权是指企业法人对其控制的资产拥有的所有权。企业对资本不拥有所有权，资本的所有权由投资者拥有。资产在数值上等于资本、其他积累和负债之和。其他积累包括资本公积金、盈余公积金等；负债也是经营的资源。资本公积金、盈余公积金等的所有权归属投资者。

企业对法人财产拥有独立支配的权利，即对法人财产拥有占有、使用、获得收益（企业可留存部分利润）和处置的权利。法人财产制度割断了出资者与企业财产的直接联系，因而确保了企业财产的相对独立性和完整性，这对提高企业资产的运作效率具有重要意义。

企业财产的终极所有权属于投资者，因此保护企业财产的独立性和完整性，实质上是使股东们的整体权益受法律保护，防止有战略价值和重要价值的企业资产被出售和置换，防止个别股东的个人行为损害企业整体利益。法人财产制度也有效支撑了企业的健康发展，保护了企业雇员及其他利益相关方的合法权益。

（2）法人治理制度

法人治理制度既能使经营者充分行使经营权力，又能使出资人有效监督和制约经营者。通过法定的公司权力机构（股东大会）、决策机构（董事会）、执行机构（经理班子）、监督机构（监事会），形成既各自独立、权责分明，又相互联系、相互制约的制衡机制。股东大会和董事会之间的关系是信任、代表关系，董事会与公司经理班子之间的关系是雇佣、代理关系，监事会与董事会及经理人员之间的关系是监督、被监督关系。

如果把一个公司比喻成一个人，则董事会就相当于公司的"大脑"，总经理就是公司的"心脏"，总经理管理的各部门是公司的"五脏六腑及肢体器官"，监事会是公司的"免疫系统"，法人治理结构则是公司的"神经系统"。

除了在股东中选举董事，也可以外聘独立董事，或称独立非执行董事、外部董事。独立董事与该企业无直接或明显的利害关系，从而比较能为企业的正常运营和长远发展提供合理、公正的建议，也比较能公正地监督企业的运营情况（独立监事也有类似的作用）。

独立董事具有四项重要的（道德）责任：对公司和董事会审议的问题提出独立见解；为执行董事的领导工作提供帮助；监控高层经理的有效性，协助他们加强管理；确保高标准的财务信用。

（3）有限责任制度

对于投资人来说，他们仅以投入企业的资产（出资额）为限，对公司债务承担有限责任；对于企业法人而言，它以其全部资产为限，对公司债务承担有限责任。

基于有限责任制度的保护，在企业亏损或破产时，投资者和经营者不至于赔得倾家荡产，这样能保护投资者和经营者的利益和积极性（投资积极性和经营兴趣）。例如，经营者在企业破产时不需要把自己的个人财产拿出来赔偿，但如果有经营协议规定赔偿的条款，则另行执行。企业的全部资产包括所有者权益，即全部投资方的产权；如果企业亏损巨大，则有可能需要将其全部财产赔偿出去，其中包括所有者权益。

二、国有资产管理中的管资产、管人与管事

管资产是指按资本管理原则管理所有权；管人一般是指国有资本所有权行使机构选派股东代表；管事主要是指所有权行使机构对企业的收益分配方案、增资、修改章程、股权或资本交易方案及重大决议事项（如重大投资和举债）有股东批准权。此处的国有资产是指经营性国有资产，即国有资本，所以按资本管理原则管理资本所有权。

在国有资产管理中，最新的规定强调了"管资产、管人、管事"的模式正在向"管资本"模式转变，这一转变体现在通过委派董事来表达出资人意志，增强董事会的独立性和权威性，同时减少对企业具体经营活动的直接干预，更多地通过法人治理结构来履行出资人职责。此外，《行政事业性国有资产管理条例》也明确了各级人民政府和财政、机关事务管理等部门的行政事业性国有资产管理职责，强调了资产管理与预算管理、财务管理相结合，推进资产管理法治化、标准化、规范化。国务院国资委则通过深化国资监管职能转变，科学界定权责边界，严格依据权责清单行权履职，推进法治央企建设，印发中央企业合规管理办法，建立中央企业首席合规官制度，实施分类监管、分类考核，提升国资监管效能。

在国有资产管理中，应尊重市场经济规律和企业发展规律，依法落实董事会的重大决策、选人用人、薪酬分配等权力，尊重企业家精神，完善法人治理机制。

管资产、管人与管事的"三合一"：从各主管部门那里把这些权力集中起来是一个进步——在一定行业、一定部门范围内，将这些权力集中到国有资产监督管理机构，避免"多龙治水"；再把管人、管事权力还给企业，这又是一个进步，实现政企分开。

前面多次提到政企分开和政资分开。政企分开是指政府和企业的职责分开。政资分开是指政府的社会经济管理职能与国有资产所有者的职能适当分开。下面进一步阐释一下政资分开的概念。

作为经济管理者，政府管理经济的职能主要是制定和执行宏观调控政策，搞好基础设施建设，创造良好的经济发展环境；培育市场体系，监督市场运行和维护平等竞争；调节社会分配和组织社会保障，控制人口增长，保护自然资源和生态环境，实现国家的经济和社会发展目标。

作为国有资产所有者，政府对国家出资企业行使资产所有者的管理职能，即享有资产收益、作出企业重大经营决策和选择经营者的权利。在股份制公司，政府须借助董事会进行决策。

以管资本为主并不意味着对"管人、管事、管资产相结合"的完全否定，国资监管机构以股东身份管资本时，不可能完全不承担管人、管事、管资产的职责，但需要围绕管资本重新界定。通过规划国有资本管事，通过董事会建设管人，在保证国有资本活力的同时不能使监管缺位。

三、正确处理涉及国有资产管理体制的一些具体事项

（一）正确推进国有资产的战略重组

国有资产管理机构的职能之一是推进国有资产的战略重组。使一部分国有资产从一般竞争领域逐步退出，集中优势资源提升我国在关键领域中的国际竞争力，但也不能盲目退出。国有企业改革不能只停留于完成市场化和商业化，进而蜕化而丧失公有制企业的良好性质。

（二）国资管理机构或经营机构与国企之间的协调

各级国有资产管理机构或资产经营机构与国有企业之间的关系是出资者和企业法人的关系，或者说是平等的民事主体之间的关系，不是行政隶属关系。因为作为国有资产所有权主体的政府（代表全体人民行使此权利，在这一领域，政府不是作为国家管理者的角色），与其他民事主体通过契约确立双方的权利义务关系，因而其行为属于私法中的平等主体的行为。

国资委作为特设机构，代表政府履行授权范围内（如央企或地方国企）国有资产的管理权，按照政企分开的原则，不能直接管企业，更不能直接经营国有企业。国资委可履行国有企业的出资人职责；行政单位、参公单位以及公益一类事业单位不得履行企业出资人职责。

（三）上下级国资委之间的协调

每一级国有资产监督管理机构分别代表本级政府行使出资人权利，对本级政府承担责任。不同级的国有资产监督管理机构之间的关系不是上下级的行政隶属关系，而是业务方面的指导与被指导关系。

国务院国资委具有制定有关国有资产管理制度的职能。例如最近几年，国务院国资委颁布深化国资国企改革的若干意见（例如关于国资委以管资本为主的实

施意见），随后，省市国资委均基于此制定本地区的实施指导意见，与中央政府保持一致。

打个比方，地方政府与地方国资委是老板与经理的关系，而国务院国资委公法以维护公共利益即"公益"为主要目的，私法则以保护个人或私人利益即"私益"为依归。公法调整的是国家与公民之间、政府与社会之间的各种关系，主要体现为政治关系、行政关系及诉讼关系等。私法调整的是私人之间的民、商事关系，即平等主体之间的财产关系和人身关系。对什么是公法，什么是私法，法学家们存在众多分歧，划分标准并不完全一致。现在流行的公法与私法的划分标准，主要是根据国家在法律关系中的存在与否决定的。一个法律关系，如果其中有一方是国家，就被认为属于公法；双方都是私人当事人的，就属于私法。由此看来，大多数法律都是公法，例如宪法、行政法、刑法、诉讼法等，而纯粹的私法是民法和国际私法。

与地方国资委是行业协会与企业经理的关系。经理当然要为老板打好工，使企业资产保值、增值；经理也要听行业协会的招呼，尊重行业协会的意见，按行业规矩经营，否则就难以搞好经营，自然也就难以为老板赚钱。所以老板也应该尊重行业协会，更要容许经理遵从行业协会。

（四）建立和强化责任追究制度

对国有资产负有监督管理责任的主体必须履行其法定义务，否则将被追究其行政责任、民事责任和刑事责任。国有及国有控股企业的负责人滥用职权、玩忽职守，造成企业的国有资产损失，应负赔偿责任，有关部门可依法给予其纪律处分；对构成犯罪的，依法追究其刑事责任。

对企业的国有资产损失负有责任、受到撤职以上纪律处分的国有及国有控股企业的负责人，5年内不得担任任何国有及国有控股企业的负责人；造成企业的国有资产的重大损失或者被判处刑罚的，终身不得担任任何国有（以及国有控股）企业的负责人。

（五）国有资产监管方式

1. 按监管时机分类

国有资产事前、事中和事后监督的方式：事前监督包括检查国有企业是否按照国家出资者的要求运营和管理国有资产，等等；事中监督是指日常监督；事后监督是指监督国有资产经营成果。当前强调"强事后"，减少政府的直接干预。

强事后，就是加大运用检查、审计等手段，并强化问题整改和风险应对。尽可能减少事前审批事项（给企业更多经营自主权），事前审批只限定在国有企业的特别事项上，例如企业的发债审批。

2. 按监管主体分类

①职能部门监督。人大监督、财政税务监督、审计监督。

②国有资产出资人的监督实行国有企业监事会制度。监事会与企业是监督与被监督的关系，监事会不参与、不干预企业的经营决策和经营管理活动。监事由国有资产监督部门派出。国有企业监事会对企业而言具有一定的外部性，与公司内部选举出的监事会不是一回事。

③公司内部治理结构中的监事会。它属于一般的公司制企业的内部法人治理结构的一个组成部分。监事会由股东大会选举产生并对股东大会负责。监事会或监事行使的权力主要有：检查公司财务；监督董事、经理执行公司职务时是否违反法律、法规或公司章程；当董事或经理损害公司利益时，要求董事或经理予以纠正；提议召开临时股东会等。

第二章 国有资产基础管理之产权界定与登记

第一节 企业国有资产及其管理

一、企业国有资产概述

（一）企业国有资产的概念

企业国有资产是指国家对企业各种形式的出资所形成的权益。具体来说，企业国有资产是指从事产品生产、流通、经营服务等领域，以营利为目的，依法经营或使用，其产权属于国家所有的一切财产。企业国有资产还可以表述为：国家以各种形式对企业投资和投资收益形成的财产，以及法律、行政法规认定的其他国有资产。正确理解企业国有资产的概念，要把握以下 5 点。

1. 出资人是国家

只有国家向企业的出资形成的权益才是国有资产。这里的国家是指中央政府和各级地方政府。

2. 国家出资企业的总资产不都是国有资产

这是因为，企业为了进行生产经营要以负债方式筹集资金。因此，企业的全部资产既有出资人的，也有债权人的。

3. 国家出资表现为多种形式

（1）货币出资

货币出资即以国有资本金投入的形式向企业出资。它有 3 种形式。

① "拨改贷"形式。20 世纪 80 年代中期，为了提高国有资金使用效率，将

财政直接拨款的国有企业基本建设投资改为通过银行转贷给企业使用。实际上是国家以贷款的形式向企业出资。

②"贷改投"形式。20世纪90年代中期，又将"拨改贷"的资本金余额转为国家资本金。

③国有资本金投入形式。中央和地方政府通过国有资本经营预算直接向企业投入国家资本金。

（2）实物出资

实物出资一般是以机器设备、原料、零部件、货物、建筑物和厂房等用货币估价作为出资。

（3）工业产权和非专利技术出资

工业产权和非专利技术作为一种无形资产，经过评估作价后一样可以作为出资。

（4）土地使用权出资

国家以国有土地使用权作价出资。公司取得国有土地使用权的方式有两种：一种是国有股东以土地使用权作价后向公司出资而使公司取得土地使用权；另一种是公司向所在地的县市级土地管理部门提出申请，经过审查批准后，通过签订合同而取得国有土地使用权，公司依照规定缴纳场地使用费。前者为国有股东的出资方式，但必须依法履行有关手续。

4. 经营性国有资产不等于企业国有资产

企业国有资产从性质上看，属于经营性国有资产，是经营性国有资产的主体部分，但不是全部。因为，行政事业单位占有使用的国有资产中也含有部分用于经营活动能够盈利的资产。因此，简单地用经营性国有资产和非经营性国有资产来代替企业国有资产和行政事业单位国有资产不够准确。

5. 企业国有资产不能以实物形态来界定

企业国有资产不能以实物形态来界定，只能以价值形态，按资金来源来界定。这是因为，从企业资产的实物形态上无法确定哪些资产是由投资者的投资形成的，哪些资产是由企业负债形成的。就企业具体的生产设备而言，作为企业实物资产的一部分，是不能分清它应归属投资者所有，还是应归属债权人所有的。

特别是对于政府投资的股份制企业来说，其资产既包括政府投资入股形成的部分，也包括其他股东投资入股形成的部分。因此，企业国有资产只能以价值形态，按资金来源来界定。

（二）企业国有资产的分类

对企业国有资产进行科学的分类，是管理企业国有资产的必要前提。按照不同的划分标准，企业国有资产可以有以下几种分类方法。

1. 按产业结构划分

第一，第一产业的企业国有资产，包括在农业、林业、畜牧业、渔业，农林牧渔服务业和水利管理业等领域的企业国有资产。

第二，第二产业的企业国有资产，包括在工业、建筑业等领域的企业国有资产。

第三，第三产业的企业国有资产，包括在地质勘查业、交通运输业、仓储业、邮电通信业、金融保险业、批发和零售业、贸易和餐饮业、房地产业、社会服务业、卫生体育和社会福利业、教育文化艺术及广播电影电视业、科学研究和综合技术服务业等领域的企业国有资产。

2. 按产业特征划分

第一，垄断性行业的企业国有资产，包括在石油工业、烟草工业、航天航空工业、核工业、武器弹药制造业、电力工业、铁路运输业、航空运输业、邮电通信业、金融保险业的企业国有资产。

第二，竞争性行业的企业国有资产，包括在煤炭工业、冶金工业、建材工业、化学工业、森林工业、食品工业、船舶工业、纺织工业、石化工业、医药工业、机械工业、电子工业、其他工业、建筑业、公路运输业、水上运输业、管道及其他运输业、仓储业、房地产业、批发和零售业、贸易及餐饮业的企业国有资产。

第三，公益性及其他行业的企业国有资产，包括在农林牧渔服务业、市政公用工业、地质勘查及水利业、社会服务业、卫生体育福利业、教育、文化广播电影电视业、科学研究和综合技术服务业、农林牧渔业及其他行业的企业国有资产。

3. 按企业资产经营活动性质划分

（1）金融性企业国有资产

金融性企业国有资产主要包括在金融领域从事经营活动的各商业银行、保险公司所拥有的国家投入的资本金和税后留利形成的国有资产，还包括以执行国家产业政策为目的，从事金融活动的国家投资公司或控股公司，以国家财政拨款为资本和以税后留利等投资形成的金融性企业国有资产。金融性企业国有资产的运营，具有调节社会供给和需求总量与结构的功能，是国家实施宏观经济调控的重要手段。

（2）非金融性企业国有资产

非金融性企业国有资产，主要是指在物质生产领域内，为社会提供各种商品和劳务的国家出资企业所形成的国家所有者权益。非金融性国家出资企业是政府在物质生产领域内参与市场调节的工具。

4. 按国家投资的方式划分

（1）国家直接投资形成的企业国有资产

国家直接投资形成的企业国有资产是指通过国家各级财政部门直接拨款和国有资产监督管理委员会代表政府进行国有资本金投入形成的企业国有资产。

（2）国家间接投资形成的企业国有资产

国家间接投资形成的企业国有资产主要是指实行企业化管理的事业单位，利用其留利等用于投资形成的企业国有资产。

5. 按国家管辖区域划分

（1）境内企业国有资产

境内企业国有资产，是指在中华人民共和国境内国家出资用于生产经营活动的一切国有资产。

（2）境外企业国有资产

境外企业国有资产，是指国家或国有企业跨国投资形成的在国外的企业国有资产，包括在国外创办的国有企业、与外国政府或外国企业联合组建的合资经营、合作经营企业中属于中方的企业国有资产。

6. 按国家拥有的资本比例划分

(1) 国有独资企业资产

国有独资企业是指按《全民所有制企业法》设立，企业全部注册资本均为国有资本的非公司制企业，不包括有限责任公司中的国有独资公司。由于国家是企业的唯一所有者，因此，国有独资企业的国有资产直接表现为国家在企业中的所有者权益。国家拥有对企业经营活动的完全控制权。

(2) 国有独资公司资产

《中华人民共和国公司法》对国有独资公司资产的管理进行了全面规范，明确了国家出资公司包括国有独资公司和国有资本控股公司，强调了由国务院或地方人民政府代表国家履行出资人职责，并通过授权国有资产监督管理机构或其他部门履行具体职责。同时，规定了国有独资公司不设股东会，由履行出资人职责的机构行使股东会职权，董事会成员中应有过半数为外部董事，并应有公司职工代表。此外，国有独资公司应在董事会中设置审计委员会行使监事会职权，强化了内部监督管理和风险控制制度，确保国有资产的有效管理和监督。

(3) 国有资本控股公司资产

国有资本控股公司是指国家拥有 50% 以上股权的公司制企业。国有资本控股公司资产，是指国家凭借所控制的股份形成的权益。国有资本控股公司资产还包括国家相对控股形成的权益。

(4) 国有资本参股公司资产

国有资本参股公司是指国家持股率在 10% 以下的公司制企业。国有资本参股公司资产，是指国家凭借持有的股份所形成的权益。

7. 按国有资产管理体制划分

(1) 中央政府管理的企业国有资产

中央政府管理的企业国有资产主要是指由国有资产监督管理委员会监管的企业中的国有资产和持有的公司国家股及其权益。中央政府管理的企业国有资产主要分布在关系国民经济命脉和国家安全、重要基础设施和重要自然资源等领域，包括军工、石油和天然气等重要资源，电网、电信等重要基础设施，民用航空、航运等基础性产业。

（2）地方政府管理的企业国有资产

地方政府管理的企业国有资产主要是指地方各级政府国有资产监督管理部门监管的企业中的国有资产和持有的公司国家股及其权益。地方政府管理的企业国有资产主要服务于不同层次行政或地区经济发展的需要，并且以国有资产在全国的分布战略为前提。

一般情况下，地方政府投资形成的资产的收益权，应直接属于地方政府，间接属于中央政府。在中央政府的统一政策法规范围内，地方政府也可以拥有对其投资所形成的国有资产的处置权，以利于发挥地方政府的主动性和积极性，促进国有资产的优化配置。在某些情况下，中央政府可以根据需要，将其直接投资形成的国有资产委托给地方政府管理。对于这类国有资产，地方政府一般不拥有收益权和处置权。

二、企业国有资产管理的内容

从社会再生产过程来考察，企业国有资产时时处于运动状态。伴随着市场经济的运行，企业国有资产的价值经过周而复始的循环和周转，不断实现着保值和增值。因此，对企业国有资产的管理也必然涉及它运动的全过程。

（一）企业国有资产管理的特点

企业国有资产管理，是国家以国有产权为基础，以提高运营效益为目标，以资产的经营为对象进行的管理活动。企业国有资产管理具有以下4个特点。

1. 以国有产权为基础

国家以企业国有资产所有者和占有使用者的身份，依据企业国有资产的所有权，对企业国有资产的占有使用者和经营执行者进行管理。这就要求企业国有资产的所有权、占有使用权与经营执行权相分离，所有者、占有使用者和经营执行者依法行使各自的权利；所有者和占有使用者依据资产所有权和占有使用权，监督管理资产的经营执行者，主要通过完善企业法人治理结构、建立健全考核评价指标和决定经营执行者薪酬水平调节控制经营执行者的行为；经营执行者依据法人财产权自主经营、自负盈亏，并对所有者和占有使用者负责。

2. 以保值增值为管理目标

企业国有资产的本质特征，是在资产的经营过程中实现自身价值的足额补偿和不断增值。前者称为保值，后者称为增值。为了实现保值增值的目标，在宏观上，要求企业国有资产的管理应当符合国家的产业政策，即通过企业国有资产的优化配置、投资收益的再分配和存量资产的流动重组，实现企业国有资产宏观经济效益的最大化。在微观上，要求企业国有资产的管理应当追求最大限度的利润，即通过所有权、占有使用权与经营执行权的分离，转变企业经营机制，获取最多的投资回报。国家运用产业政策引导企业经营方向，并为企业盈利创造良好的外部环境。

3. 管理范围具有全面性

企业国有资产管理范围的全面性，是指管理对象的全面性、管理过程的全面性和产权管理的全面性。管理对象的全面性主要有：所有国家出资企业的国有资产都属于管理的范围，包括国有独资企业、国有独资公司、国家控股公司、国家参股公司占有使用的企业国有资产，以及非企业单位按企业化管理要求经营使用的国有资产。管理过程的全面性，是指企业国有资产的管理应当贯穿于生产经营活动的各个环节，即包括资产投入、存量经营、价值补偿、收益分配和增量再投入等全方位的管理。产权管理的全面性，是指企业国有资产的管理包括所有权、占有使用权、收益权、处置权和经营执行权的全面管理。

4. 经营方式具有多样性

经营方式具有多样性，即为了适应多层次生产力发展水平的要求，在"权能分解"的基础上，企业国有资产可以有多种经营形式。探索适应生产力发展水平要求的资产经营形式，仍然是企业国有资产管理的一个重要课题。为此，应当注意以下3个方面。

①履行所有者职能。国有资产监督管理部门要积极参加企业资产经营方式的确定工作，发挥其职能作用，促进企业搞好资产存量的管理。

②完善企业经营形式。完善资产经营方式的关键，是建立适应市场经济要求的企业经营机制。国有资产监督管理部门要注意研究完善各种不同的企业经营形

式，规范国家与企业之间的权责利关系，落实企业经营执行权，促使企业走向市场、放开经营、转变经营机制。

③注意选择好经营者。董事长、董事等产权代表，厂长、经理等法人代表，以及高级管理人员的选派，要经国有资产监督管理部门考核后才能确定。国有资产监督管理部门应当对国有产权代表、企业法人代表的业绩进行定期考核，并以此作为依据决定其薪酬。

（二）法律、法规和制度建设

企业国有资产的法律、法规和制度，是企业国有资产管理的基本规范和准则。要管理好企业国有资产，必须逐步制定和实施一整套完备的法律、法规和制度。企业国有资产的法律、法规和制度大致可以分为以下 3 个层次。

1. 基本法律、法规

企业国有资产管理的基本法律、法规，是指保护企业国有资产所有权和占有使用权，调整企业国有资产财产权关系的一般性法律、法规。它包括对企业国有资产所有权、占有使用权和经营执行权的法律规范，以及对企业国有资产的经营、收益、处分、管理、评估和保护等基本法律规范，具有较高的原则性和稳定性，主要有《企业国有资产管理法》《中华人民共和国全民所有制工业企业法》《中华人民共和国企业破产法》等。

2. 专门性法律、法规

企业国有资产管理的专门性法律、法规，是指对不同企业组织形式、不同类别企业国有资产管理的具体法律规范。例如，针对不同企业组织形式的企业国有资产专门性法律、法规有《中华人民共和国公司法》《中华人民共和国中外合资经营企业法》《中华人民共和国中外合作经营企业法》等；针对不同类别企业国有资产的专门法律、法规有《土地管理法》《矿产资源法》《中华人民共和国草原法》（以下简称《草原法》）、《中华人民共和国渔业法》《中华人民共和国森林法》《中华人民共和国水法》（以下简称《水法》）等。

3. 实施细则性具体条例和规章制度

企业国有资产管理的实施细则性具体条例和规章制度，是指为了规范国有资产管理行为对某项管理工作所做的具体制度性规定。通常对每项规定都有详细的说明。例如，《企业国有资产产权登记管理办法实施细则》《全民所有制工业企业转换经营机制条例》《企业效绩评价操作细则（修订）》《国有资本保值增值结果计算与确认办法》《企业国有资产监督管理暂行条例》《国有企业清产核资办法》《企业国有产权转让管理暂行办法》等。

（三）企业国有资产管理的主要内容

1. 基础管理工作

企业国有资产的基础管理工作是国家出资人全面掌握国有资产状况和发展变化的基础，也是防止国有资产流失的制度基础。其主要包括如下工作内容。

（1）产权界定

产权界定是指依法划分财产所有权、使用权和经营权等产权归属，明确产权主体行使权利的财产范围及管理权限的法律行为，主要是界定财产权的归属关系，包括财产所有权和与财产所有权相关的其他产权的界定。

（2）产权登记

产权登记是指对企业的资产、负债、所有者权益等产权状况进行登记，依法确认产权归属关系的行为。

（3）资产评估监管

资产评估监管是指政府通过制定资产评估行为规则，对评估项目进行核准或者备案等方式，对企业资产评估行为进行监管的行为。

（4）清产核资

清产核资是指组织企业进行财务清理、财产清查、依法认定资产损益，真实反映企业资产价值和重新核定企业国有资本金的活动。根据国家专项工作要求或者企业特定经济行为需要，按照规定的工作程序、方法和政策，组织企业进行账务清理、财产清查，并依法认定企业的各项资产损益，从而真实反映企业的资产价值和重新核定企业国有资本金。

（5）资产统计

资产统计是指国有资产管理部门对国有资产存量分布、结构、运营和效益基本情况的收集、汇总、检索和分析的工作过程。国有资产统计工作的主要任务包括国有资产统计组织体系的建立、规章制度的制定、统计数据的收集、统计资料的整理和分析。

（6）综合评价

企业综合评价，即通过综合评价体系，对企业盈利能力、资产质量、财务风险、经济增长及管理状况进行综合评判，包括任期评价和年度评价。

2. 增量管理

企业国有资产的增量管理，又称投资管理，是指为形成和维护企业国有资产而对国家资本金投入的管理。企业国有资产增量管理主要包括以下内容。

（1）财政预算投资的管理

财政预算投资管理，主要是指对通过国有资本经营预算安排的国家资本金投入的管理。它包括用于新建项目投入、新企业开办和股份投资等国有资本金投入支出的管理。例如，基本建设支出；股份制企业国家股配股或增资支出；向新成立企业注入资本金支出；政府调整产业结构安排的投资支出；政府对重要行业和重点企业控股、参股的股份投资支出；优化企业资本结构注入的资本金支出；其他投入支出等。

（2）企业国有资产投资立项管理

企业国有资产投资立项管理，是指对企业国有资产投资项目进行审查批准等一切管理工作的总称。它主要包括提出项目建议书、进行可行性研究、编制项目设计任务书、开展项目评估和通过设计任务书、正式立项等内容。

（3）企业国有资产投资实施管理

企业国有资产投资实施管理，是指对企业国有资产投资进入具体实施阶段各项工作的管理。它主要包括选择建设地点、进行勘察设计、编制投资计划、确定组织管理形式、进行施工准备、报批开工报告、开始施工建设、项目投产准备、竣工验收等内容。

（4）企业国有资产投资效果考核

企业国有资产投资效果考核，是指对企业国有资产投资所取得的成果和所消耗的费用的客观评价。它主要包括宏观投资效果考核与微观投资效果考核两个方面的内容。

3. 存量管理

企业国有资产存量管理，是指对已形成生产能力和已具备经营使用条件的企业国有资产的管理。企业国有资产存量管理主要包括：企业资产经营形式的选择与确定（独资、合资合作、承包、租赁、股份制、企业集团等）；企业国有资产存量保值管理（主要是完善固定资产补偿制度和加强审计监督管理）；企业国有资产流动管理（包括企业合并、兼并、分立、组建企业集团、拍卖、闲置设备转让等）。

4. 收益及分配管理

企业国有资产收益管理，是指对国有企业出资的补偿收入和回报收入的管理。国有资产收益是国家作为出资者依据国有资产所有权和占有使用权应当获得的收益，包括出资的补偿部分和出资的回报部分。具体包括企业应交收益（企业应交国家的利润、股份有限公司的国家股股利、有限责任公司国家出资者分取的红利、国有企业产权转让收入、国家股股权转让收入等）和企业留存收益（企业税后留利中属于国家所有者的部分）。

企业国有资产收益分配管理，是对国家出资的回报收入部分进行分配，是狭义的国有资产收益管理活动。它是指通过编制国有资本经营预算对国有资产回报收益分配的管理和国有资本金投入的管理。具体包括国家出资企业上缴利润的确定、股息和红利上缴、国有产权和股权转让收入上缴、清算收入上缴、政府投资部门的投资收益上缴和国有资本金安排使用等内容。

5. 重大事项管理

重大事项管理是指关系国有资产出资人权益的事项。国家出资企业合并、分立、改制、上市，增加或者减少注册资本，发行债券，进行重大投资，为他人提供大额担保，转让重大财产，进行大额捐赠，分配利润，以及解散、申请破产等重大事项，应当遵守法律、行政法规以及企业章程的规定，不得损害出资人和债权人的权益。

（1）出资人机构决定的重大事项

国有独资企业、国有独资公司合并、分立，增加或者减少注册资本，发行债券，分配利润，以及解散、申请破产，由履行出资人职责的机构决定。其他一般事项由国有独资企业负责人集体讨论决定，国有独资公司由董事会决定。

国有资本控股公司、国有资本参股公司的重大事项，应依照法律、行政法规以及公司章程的规定，由公司股东会、股东大会或者董事会决定。由股东会、股东大会决定的，履行出资人职责的机构委派的股东代表应当参加国有资本控股公司、国有资本参股公司召开的股东会会议、股东大会会议，按照委派机构的指示提出提案、发表意见、行使表决权，并将其履行职责的情况和结果及时报告委派机构。

（2）政府批准的重大事项

重要的国有独资企业、国有独资公司、国有资本控股公司的合并、分立、解散、申请破产以及法律、行政法规和本级人民政府规定应当由履行出资人职责的机构报经本级人民政府批准的重大事项，履行出资人职责的机构在做出决定或者向其委派参加国有资本控股公司股东会会议、股东大会会议的股东代表作出指示前，应当报请本级人民政府批准。

三、国有资本保值增值考核

（一）国有资本保值增值考核概述

1. 考核的概念

国有资本保值增值考核，是指国有资本的出资人或政府有关部门依据企业年度会计报表资料，依法对列入考核范围的国家出资企业在一定期间所经营的国有资本增值、保值或减值结果进行核实确认工作的总称。

企业国有资本保值增值结果确认是指国有资产监督管理机构依据经审计的企业年度财务决算报告，在全面分析评判影响经营期内国有资本增减变动因素的基础上，运用规定的方法分析判断国有资本运营效果及其所处行业水平，为实施企业考核工作提供准确的依据，对企业国有资本保值增值结果进行核实确认的工作。

2. 考核的目的

考核的目的是真实、客观地反映国有资本运营结果，促进实现国有资本保值增值经营目标，并为企业财务监管与绩效评价、企业负责人业绩考核、企业工效挂钩核定等出资人监管工作提供基础依据。

3. 考核的对象

国有资本保值增值考核的对象为国务院，各省、自治区、直辖市人民政府，设区的市、自治州级人民政府履行出资人职责的企业（以下简称企业）。各级人民政府履行出资人职责的企业包括国有独资公司、国有控股公司和未进行公司制改造的国有独资企业。

4. 考核的标准

考核的标准是国务院国有资产监督管理委员会 2004 年 8 月 25 日颁布的《企业国有资本保值增值结果确认暂行办法》规定的标准。

5. 考核的主体

考核的主体是各级人民政府国有资产监督管理机构。国务院国有资产监督管理机构负责中央企业国有资本保值增值结果核实确认工作。各地国有资产监督管理机构负责监管职责范围内的企业国有资本保值增值结果核实确认工作。

（二）所有者权益

1. 所有者权益的概念

所有者权益（the proprietor's rights and interests）是企业出资人对企业净资产的所有权，包括企业出资人对企业的投入资本以及形成的资本公积金、盈余公积金和未分配利润等。根据"资产＝负债＋所有者权益"的会计恒等式，所有者权益是企业的资产总额减去一切负债后的剩余资产，因此又称净权益。《企业会计制度》对所有者权益的定义是所有者在企业资产扣除负债后享有的剩余权益，其金额为资产减去负债后的余额。它包括：

（1）投入资本

投入资本（the capital input）是指投资者实际投入企业经营活动的各种财产

物资。投入资本应当按实际投资数额入账。股份制企业发行的股票，应当按股票面值作为股本入账。国家拨给企业的专项拨款，除另有规定外，应当作为国家投入资本入账。投入资本包括国家投入资本、法人投入资本和个人投入资本、外商投入资本。

国家投入资本，又称国家资本金，是指国家以拨付资金、专项拨款和无偿方式调给企业的固定资产和流动资金等对企业的投资，以及国有企业按规定以税后留利等购建固定资产和补充流动资金的投资。国家拨付资金是指国家通过财政拨付的固定资金和流动资金；国家专项拨款是指国家拨给企业的各种专用款项，包括挖潜革新改造拨款、科技三项费用拨款等；国家无偿调入的固定资产以账面价值和考虑安装等费用后的数额计价。

法人投入资本，又称法人资本金，是企业法人或其他法人单位以其依法可以支配的资产投入企业的资本。

个人投入资本，又称个人资本金，是社会个人或者本企业内部职工以其合法的财产投入企业的资本。

外商投入资本，又称外商资本金，是国外投资者以及我国香港、澳门和台湾地区投资者投入的资本。

（2）资本公积金

公积金是指为了组织扩大再生产和弥补亏损，从企业税后利润按一定比率提取的积累基金。资本公积金（the capital accumulation fund），是指由资本盈余积累的基金，即直接由资产或营业盈余以外的其他原因所增加的净资产。其主要包括资本溢价、法定财产重估增值、资本汇率折算差额和接受捐赠的资产价值等。资本公积金可以按照规定转增资本金。

资本溢价，是指投资人缴付的出资额超出其认缴资本金的差额，包括股份有限公司发行股票的溢价净收入及可转换债券转换为股本的溢价净收入等。股本（票）溢价是指股份制企业按超过股票面值的价格发行股票（溢价发行）所获得的超过股本的部分。可转换债券是可转换公司债券的简称。它是一种可以在特定时间、按特定条件转换为普通股票的特殊企业债券。可转换债券兼具债券和股票的特征。

法定财产重估增值，是指企业因清产核资、分立、合并、变更和投资时，其法定财产经过重新估价（一般按市价进行评估）高于原成本或账面价值的那部分增值收入，或者按合同、协议约定的资产价值与原账面净值的差额。

资本汇率折算差额是指企业收到外币投资时由于汇率变动而发生的汇兑差额。

接受捐赠是指企业因接受其他部门或个人的现金或实物等捐赠而增加的资本公积。捐赠是指以实物或者货币馈赠。企业得到了捐赠意味着企业取得了一定的资产价值量。

（3）盈余公积金

盈余公积金（the surplus accumulation fund）是指按照国家有关规定，从利润中提取的公积金。盈余公积金应按实际提取数计账。提取盈余公积金可以起到限制企业分光盈余的短期行为、为企业未来生产经营和弥补亏损准备资金的作用。盈余公积金按规定可用于弥补企业亏损，也可按法定程序转增资本金。盈余公积金包括法定盈余公积金和任意盈余公积金两种。

法定盈余公积金是指按照国家规定的提取比例从企业当年盈余中提取的公积金。法定盈余公积金提取率为 10%。

任意盈余公积金是指根据企业股东大会的决定提取的公积金。

（4）未分配利润

未分配利润（the undivided profit）是企业留于以后年度分配的利润和待分配利润，留于以后年度分配的利润即年终利润分配结束后留待以后年度分配的利润，或者是本年度所实现的净利润经过利润分配后所剩余的利润，等待以后分配。待分配利润是指年终利润分配之前准备分配的利润。本年度利润和以前年度未分配利润之和即为未分配利润。如果未分配利润出现负数时，即表示年末的未弥补的亏损，应由以后年度的利润或盈余公积金来弥补。

与所有者权益相关的一个重要概念是股东权益。股东权益是指公司总资产中扣除负债所余下的部分。股东权益是一个很重要的财务指标，它反映了公司的自有资本。当总资产小于负债金额时，公司就陷入了资不抵债的境地，这时候，公司的股东权益便会消失殆尽。如果实施破产清算，股东将一无所得。反之，股东权益金额越大，这家公司的实力就越雄厚。

2. 所有者权益的特征

所有者权益与债权人权益比较，一般具有以下 4 个基本特征。

①所有者权益在企业经营期内可供企业长期、持续地使用，企业不必向投资人返还资本金。而负债则须按期返还给债权人，成为企业的负担。

②企业所有人凭其对企业投入的资本，享受分配税后利润的权利。所有者权益是企业分配税后净利润的主要依据，而债权人除按规定取得债务利息外，无权分配企业的盈利。

③企业所有人有权行使企业的经营管理权，或者授权管理人员行使经营管理权。但债权人并没有经营管理权。

④企业的所有者对企业的债务和亏损负有无限的责任或有限的责任，而债权人与企业的其他债务不发生关系，一般也不承担企业的亏损。

（三）企业国家所有者权益

企业国家所有者权益，是指国家对企业各种形式的投资和投资所形成的权益以及依法认定为国家所有的其他权益。依据国家拥有的资本比例这一划分标准，计算各类国有企业的国家所有者权益时的公式存在差别。

1. 国有独资企业和国有独资公司

虽然国有独资企业和国有独资公司依据设立的法律不同，但在计算国家所有者权益时都遵循《企业会计准则》中对所有者权益的定义，包括投入资本、资本公积金、盈余公积金和未分配利润 4 项。

2. 国有控股公司和国有参股公司

国有控股公司和国有参股公司，既包括国家投入资本，又包括其他投资者投入资本，因此，在计算国家所有者权益时应特别注意，将国家投资及其形成的权益与其他投资及其形成的权益区分开来。

3. 国家追加投资时企业国家所有者权益

除企业设立之初国家的原始投资外，依据社会经济发展规划，国家常以专用拨款及建设基金的形式对国有企业追加投资。此时，追加的投资及其形成的资本公积金也应计入国家所有者权益。但由于当年的追加投资对形成企业当年利润的作用较小，故在计算国家所有者权益时仅考虑已经对利润产生影响的国家原始投资部分，待以后年度追加投资确对当年利润产生影响时再计入。

其中，国家投入资本包括国家原始投入资本和国家追加投入资本。专用拨款及建设基金形成的资本公积金是指国家以拨付资金、专用拨款和以无偿方式调给企业的固定资产、流动资金，以及国有企业以税后留利用于补充生产发展基金所形成的资本盈余。

（四）企业国有资本保值增值考核指标体系

企业国有资本保值增值考核指标体系包括主要指标、修正指标和参考指标。企业国有资本保值增值考核指标是以年度为考核期，以期末国家所有者权益与期初国家所有者权益相比较，来衡量国有资本保值增值状况的指标。它表示企业当年国有资本在企业自身努力下的实际增减变动情况。企业国有资本保值增值结果主要通过国有资本保值增值率指标反映，并设置相应修正指标和参考指标，充分考虑各种客观增减因素，以全面、公正、客观地评判经营期内企业国有资本运营效益与安全状况。

1. 主要指标——国有资本保值增值率

（1）指标解释

国有资本保值增值考核的主要指标是国有资本保值增值率，是指企业经营期内扣除客观增减因素后的期末国有资本与期初国有资本的比率。它是反映企业国有资本运营效益和安全状况的指标，充分体现了经营者的主观努力程度和利润分配中的积累情况。国有资本保值增值率实际值以100%为基本衡量尺度，一般情况下，该指标应大于100%，如果该指标小于100%，则表明企业资本受到侵蚀，没有实现资本保全，损害了所有者的权益，也妨碍了企业进一步发展壮大，应予以充分重视。

（2）公式说明

期初国有资本，为企业账面期初国家所有者权益；

期末国有资本，为企业账面期末国家所有者权益扣除考核期内因客观因素影响净增加的国家所有者权益后的数额。

（3）保值、增值和减值的内涵

国有资本保值增值率实际值达到 100%，为国有资本保值。国有资本保值的内涵是：在国有资本运营过程中，维持规模不变的国有资本再生产，即维持规模不变的价值补偿和维持原有的生产能力，国有资本价值总量没有发生变化。根据这一理论，在实践中国有资本保值具体体现为：企业在考核期内，期末国家所有者权益等于期初国家所有者权益。

国有资本保值增值率实际值超过 100%，为国有资本增值。国有资本增值的内涵是：国有资本在再生产过程中，通过国有资本的有效经营，创造新的价值。通过时间差价、国内外差价，实现自身的溢价，通过对资本收益的合理分配用于自身积累，实现国有资本价值总量的增长。根据这一理论，在实践中国有资本增值具体体现为：企业在考核期内，期末国家所有者权益大于期初国家所有者权益。

国有资本保值增值率实际值不足 100%，为国有资本减值。国有资本减值的内涵是：在国有资本运营过程中，国有资本再生产的规模发生了缩小，即价值补偿规模缩小或原有生产能力下降，国有资本价值总量发生了减少。根据这一理论，在实践中国有资本减值具体体现为：企业在考核期内，期末国家所有者权益小于期初国家所有者权益。

（4）国有资本保值增值考核应当扣除的因素

为了真实反映企业国有资本保值增值指标的完成情况，国有资本保值增值率完成值的确定，需要剔除考核期内客观及非正常经营因素（包括增加因素和减少因素）对企业期末国家所有者权益的影响。数值取自国有资产总量及保值增值情况表。

①客观增加因素

A. 国家、国有单位直接或追加投资：是指代表国家投资的部门（机构）或企业、事业单位投资设立子企业、对子企业追加投入而增加国有资本；

B. 无偿划入：是指按国家有关规定将其他企业的国有资产全部或部分划入

而增加国有资本；

C. 资产评估：是指因改制、上市等原因按国家规定进行资产评估而增加国有资本；

D. 清产核资：是指按规定进行清产核资后，经国有资产监督管理机构核准而增加国有资本；

E. 产权界定：是指按规定进行产权界定而增加国有资本；

F. 资本（股票）溢价：是指企业整体或以主要资产溢价发行股票或配股而增加国有资本；

G. 税收返还：是指按国家税收政策返还规定而增加国有资本；

H. 会计调整和减值准备转回：是指经营期间会计政策和会计估计发生重大变更、企业减值准备转回、企业会计差错调整等导致企业经营成果发生重大变动而增加国有资本；

I. 其他客观增加因素：是指除上述情形外，经国有资产监督管理机构按规定认定而增加企业国有资本的因素，如接受捐赠、债权转股权等。

②客观减少因素

A. 专项批准核销：是指按国家清产核资等有关政策，经国有资产监督管理机构批准核销而减少国有资本；

B. 无偿划出：是指按有关规定将本企业的国有资产全部或部分划入其他企业而减少国有资本；

C. 资产评估：是指因改制、上市等原因按规定进行资产评估而减少国有资本；

D. 产权界定：是指因产权界定而减少国有资本；

E. 消化以前年度潜亏挂账：是指经核准经营期消化以前年度潜亏挂账而减少国有资本；

F. 自然灾害等不可抗拒因素：是指因自然灾害等不可抗拒因素而减少国有资本；

G. 企业按规定上缴红利：是指企业按照有关政策、制度规定分配给投资者红利而减少企业国有资本；

H. 资本（股票）折价：是指企业整体或以主要资产折价发行股票或配股而减少国有资本；

I. 其他客观减少因素：是指除上述情形外，经国有资产监督管理机构按规定认定而减少企业国有资本的因素。

2. 修正指标——不良资产比率

（1）指标解释

企业国有资本保值增值修正指标为不良资产比率，是企业期末不良资产占期末资产总额的比重。不良资产比率是从企业资产管理角度对企业资产营运状况进行修正。

不良资产比率着重从企业不能正常循环周转以谋取收益的资产角度反映企业资产的质量，揭示企业在资产管理使用上存在的问题，用以对企业资产的营运状况进行补充修正。该指标在用于评价工作的同时，也有利于企业发现自身不足，促进企业改善管理，提高资产利用效率。一般情况下，该指标越高，表明企业沉淀下来、不能正常参加经营运转的资金越多，资金利用率越差。该指标数值越小越好，0 是最优水平。

（2）公式说明

期末不良资产是指企业资产中存在的问题、难以参加正常生产经营运转的部分。它主要包括：企业尚未处理的资产净损失和潜亏（资金）挂账（待处理流动资产及固定资产净损失，以及潜亏挂账和经营亏损挂账），按财务会计制度规定应提未提资产减值准备的各类有问题资产预计损失金额。各类有问题资产主要是 3 年以上应收账款、其他应收款及预付账款，积压存货、闲置的固定资产和不良投资等的账面余额等。期末资产总额是指企业资产总额的期末数，数据取自企业基本情况表。

（3）扣减修正

因经营期内不良资产额增加造成企业不良资产比率上升，应当在核算其国有资本保值增值率时进行扣减修正。

3. 参考指标——净资产收益率、利润增长率、盈余现金保障倍数、资产负债率

国有资本保值增值率作为考核指标，可以基本上反映企业国有资本保值增值状况。但是，由于企业国有资本保值增值指标完成情况与企业经济效益密切相关，可以说国有资本的增值在一定程度上取决于企业经济效益的提高。因此，为了更准确地考核和分析企业国有资本保值增值指标完成情况，还需要设置有关参考指标。

国有资本保值增值参考指标，是从资产和成本费用所能获得收益的角度，衡量企业国有资本运营水平和质量的指标。通过运用国有资本保值增值参考指标，可以对国有资本保值增值实际完成情况进行分析和验证。国有资本保值增值的参考指标包括净资产收益率、利润增长率、盈余现金保障倍数、资产负债率。

第二节　国有资产产权界定

一、产权界定概述

（一）产权界定的概念

产权界定，是指依法划分财产所有权和经营权、使用权等产权归属，明确各类产权主体行使权利的财产范围及管理权限的一种法律行为。这一概念强调了两点。其一，产权界定的内容。由于产权既包括财产所有权，也包括与财产所有权相关的其他权能，所以产权界定既包括对财产所有权的界定，也包括对财产的其他权能的界定。其二，产权界定的性质。它是一种法律行为，即产权界定是依法进行的，产权界定的依据、组织与程序必须符合国家的有关法律规定；产权界定的结果具有法律效力，受到法律保护。

国有资产产权界定包括3个方面的内容：一是国有资产所有权的界定，即界定其是否属于国家的财产以及财产的归属主体；二是与国有资产所有权相关的其

他权能的界定，即界定国有资产各经营、使用、管辖主体；三是界定各个产权主体行使占有权、使用权、收益权及依法处分权的界限、范围和相互关系。

随着市场经济体制改革的深入和生产力的进一步发展，国家财产权权能分离和让渡日益普遍和深化，产权形式也将日趋多样化。产权界定是划清国有资产的产权边界，明确国有资产出资人权利和义务的重要手段。因此，明确产权界定的内涵和外延，加强国有资产产权界定管理十分重要。

（二）产权界定的意义

国有资产亦即全民所有的财产。新中国成立以来，在半个多世纪的经济建设中，我们积累了数额巨大的国有资产。由于在原有计划经济体制下，形成了单一的公有制经济结构；在国有资产收益分配使用上，实行"统收统支"的政策，国家作为全民所有制企业的唯一投资主体，其资金的投入以财政拨款为基本形式，企业盈利全部上缴；企业不是独立的法人实体和市场竞争主体，没有自主经营地位和自身经济利益。所以，国家财产的归属关系与有关产权关系是比较明确的。

1. 维护社会主义基本经济制度的要求

公有制为主体，多种所有制经济共同发展是社会主义初级阶段的基本经济制度。国有资产是我国社会主义经济制度的物质基础，保护国有资产不受侵犯，就是维护、巩固社会主义基本经济制度。国有资产所有权归属关系不清，往往造成国有资产流失。通过产权界定，摸清国有资产家底，维护国家出资企业占用、使用国有资产的合法权益，加强国有资产的有效管理，才能巩固和维护社会主义市场经济体制赖以存在和发展的物质基础。

2. 保护国有资产的要求

国有资产是全民所有的财产。保护好全民所有的财产，使国家所有者权益不受侵犯，是全体人民的共同要求。通过产权界定，可以落实国有资产监督管理和经营主体的权、责、利，明确国有资产国家所有权、出资人产权和企业法人财产权，形成有效的国有资产管理、监督和运营机制，及时发现和避免国有资产的流失。

3. 巩固和发展国有经济的需要

国有经济就是社会主义公有制经济，由全民所有制经济和集体所有制经济组成，是国民经济的领导力量。通过产权界定，合理划分国有资产所有权和其他权能的归属，明确当事人的权利、责任和义务关系，是增强国有经济的支配力、控制力，发挥国有经济主导作用，有效实施国家宏观调控，保证市场经济发展的社会主义方向的要求。

4. 建立现代企业制度的条件

深化国家出资企业产权制度改革，就是要建立现代企业制度。国家出资企业改革的实践证明，单纯的"放权让利"不能从根本上解决企业经营机制转变的问题，进行企业制度的改革创新是深化国家出资企业改革的必然要求。产权界定是明晰产权关系、进行企业产权制度改革、建立现代企业制度的前提。通过产权界定，明确国家所有权、出资人产权和企业法人财产权，有利于落实国有资产所有者、监管者和经营者各自的权、责、利，调动各利益主体的积极性，从制度上解决国有资产无人负责的弊端；有利于推动企业产权交易活动开展，实现企业产权主体多元化；有利于消除产权关系不明晰等障碍，形成企业内部所有者、经营者和劳动者相互激励、制衡的机制。

5. 国有资产优化配置的前提

国有资产存量流动，是改变国有经济战线过长、分布范围过大的不合理状况，实现国有资产优化重组的有效途径，也是实现经济增长方式由粗放型向集约型转变，发挥国有经济在国民经济中主导地位的要求。通过产权界定，明晰产权关系，有利于消除妨碍国有资产流动重组的制度障碍，促进国有资源在产业间、地区间的优化配置；有利于抓大放小，促进优势企业成长壮大，优化企业组织结构；有利于提高国家出资企业规模经济效益和市场竞争力，从整体上搞活国有经济，提高国有资产宏观配置效益。

6. 国有资产管理的重要基础工作

产权界定是国有资产管理中重要的基础工作之一，是实施其他国有资产管理工作的前提。国有股权管理、产权登记、资产统计、产权纠纷调处等都需要以明晰的产权为基础。产权归属关系不明，家底不清，财产界限不明，就谈不上加强国有产权管理，其他国有资产管理工作也就失去了依托。同时，产权界定也是实施国有资产保值增值考核，加强企业经济核算制和开展企业经营绩效分析评价的前提和基础。

（三）产权界定的原则

1. 统一所有、分级代表原则

国有资产属于全民所有，即国家所有，国务院代表国家行使国有资产所有权。但在具体管理上，则需要按地区、部门对国有资产实行分级代表、分工管理和监督。否则，国有资产的所有权管理就无法落实。国有资产的分级代表是指地方政府和部门由中央授权，对其管辖范围内的国有资产行使完整的所有权，它们是经过国家授权而形成的所有权主体。

2. 出资人拥有产权原则

资产由投资形成，投资主体自然成为资产的所有权主体。出资人拥有产权，即"谁投资、谁所有"。因此，产权界定工作需要追溯企业的初始投资来源，维护国家和其他经济主体的合法权益。在产权界定工作中，应防止以企业注册登记的所有制性质界定资产归属的错误做法。产权界定工作必须以事实为依据、以法律为准绳，实事求是，坚持"出资人拥有产权"的原则。就国有资产投资而言，由于国家投资具体划分为中央和地方各级政府的投资以及有权代表国家的部门和机构的投资，在对这些投资所形成资产进行产权界定时，就要在明确国家统一所有的前提下，坚持出资人拥有产权。

3. 国家所有权受特殊保护原则

应当明确国家财产所有权具有特殊的法律地位，受到特殊保护。这是因为国有经济是国家的经济命脉，是国民经济的领导力量；国家是唯一代表全体人民共同利益的社会组织，国家是政权的承担者，而国有资产正是国家政权的物质基础。国家所有权受特殊保护体现在：第一，无主财产推定为国家所有，即没有法律依据归其他经济主体的财产归国家所有；第二，国家享有受特殊保护的财产追索权，即国家追索被非法侵占的财产不受诉讼时效的限制，也不受占有者是否善意取得的限制。

4. 兼顾国家、集体和个人三者利益原则

产权界定直接影响各经济主体的权益，也关系各经济组织成员的切身利益。产权界定实质上是对经济主体物质利益的界定。因此，必须兼顾国家、集体和个人三者利益，正确处理三者利益关系。在我国不同的经济发展历史时期，国家颁布了一系列法律、法规和政策，来迎合不同经济体制的需要。因此，在制定产权界定政策时，应当通盘考虑，尊重历史，着眼于未来，力求保持政策的连续性和相互协调。当出现产权争议时，双方当事人应坚持协调为主、公平公正的原则，实事求是地划分产权归属，既维护国家所有者的正当权益，也保护集体、个人的合法利益。

二、产权界定规则

（一）国有独资企业产权界定

1. 国有独资企业产权界定的规定

根据原国家国有资产管理局颁发的《国有资产产权界定和产权纠纷处理暂行办法》，国家出资企业中资产所有权界定按以下规定执行：

①国家授权投资的部门和机构以货币、实物和所有权属于国家的土地使用权、知识产权等向企业投资，构成的国家资本金，界定为国有资产。

②国有独资企业运用国有资本金及借入的资金，通过生产经营活动所形成的税后利润经国家批准留给企业作为增加投资的部分，以及从税后利润中提取的盈余公积金和未分配利润等，界定为国有资产。

③以国家机关和其他全民单位名义担保，完全用国内外借入资金投资创办的或完全由其他单位借款创办的企业，其收益积累的净资产，界定为国有资产。

④国有独资企业接受馈赠而增加的国有资本金及其权益，界定为国有资产。

⑤在实行《企业财务通则》《企业会计准则》以前，国有独资企业用从留利中提取的职工福利基金和在"两则"实施后购建的集体福利设施，相应增加的所有者权益，界定为国有资产。

⑥国有独资企业的党、团、工会组织等占用的财产，界定为国有资产。由个

人交纳的党费、团费、会费以及按国家规定由企业拨付的活动经费等的结余部分购建的除外。

上述规定，也适用于全民所有制与其他所有制单位之间、全民所有制各单位之间的国有资产产权界定及产权纠纷的处理。

2. 国有单位之间的产权界定

国有单位之间的产权界定按以下规定执行：

①各个单位占用的国有资产，应按分级代表的原则，明确其与中央、地方、部门之间的管理关系。非经有权管理其所有权的人民政府批准或双方约定，并办理产权划转手续，不得变更资产的管理关系。

②国有单位对国家授予其使用和经营的资产拥有使用权或经营权。除法律、法规另有规定者外，不得在国有单位之间无偿调拨其资产。

③国家出资企业之间是平等竞争的实体，相互之间可以投资入股，按照"出资人拥有产权"的原则，企业法人的对外长期投资或入股，属于企业法人的权益，不得非法干预或侵占。

④依据国家有关规定，企业之间可以实行联营，并享有联营合同规定范围内的财产权利。

⑤国家机关投资创办的企业和其他经济实体，应与国家机关脱钩，并按规定办理产权划转手续。

⑥国家机关所属事业单位经批准以其占有使用的国有资产出资创办的企业和其他经济实体，其产权归该单位所有。

⑦对国有单位由于历史原因或管理问题造成的有关房屋产权和土地使用权关系不清或有争议的，依下列办法处理。

第一，国有单位租用房产管理部门的房产，因各种历史原因国有单位实际上长期占用，并进行过多次改造或翻新，房屋结构和面积发生较大变化的，可由双方协商共同拥有产权。

第二，对数家国有单位共同出资或由上级主管部门集资修建的职工宿舍、办公楼等，应在核定各自出资额的基础上由出资单位按份共有或共同拥有其产权。

第三，对有关国有单位已办理征用手续的土地，但被另一些单位或个人占有，应由原征用土地一方进行产权登记，办理相应法律手续。已被其他单位或个人占用的，按规定实行有偿使用。

第四，国有单位按国家规定以优惠价向职工个人出售住房，凡由于分期付款，或者在产权限制期内，或者由于保留溢值分配权等原因，产权完全让渡到个人之前，国有单位对这部分房产应视为共有财产。

（二）集体企业产权界定

1. 集体所有制企业财产归属的一般分析

城镇集体所有制企业财产形成的资金来源主要有：

①国家资金投入所形成的资产，包括各级政府财政部门的拨款，各级政府科委拨付的新产品、新技术研究开发资金，国有企事业单位投入的资金（资产）。

②国家优惠政策形成的资产，包括国家减免税和企业以税还贷以及税前提取企业基金等形成的资产。

③集体企业通过生产经营积累所形成的资产，包括企业提取的折旧基金、大修理基金；企业税后利润提取的公积金及职工奖励基金等。

④企业主管部门返投资金所形成的资产，主要是主管部门从所属企业税后利润中集中的统筹建设基金、从所属企业集中的折旧基金，再返投给集体企业，也有一部分返投资金属于财政拨款或银行贷款。

因此，对城镇集体企业进行产权界定，主要是对以上 4 种资金来源渠道所形成的资产的所有权归属进行确认。

2. 集体企业国有资产所有权界定的有关规定

根据原国家国有资产管理局颁发的《国有资产产权界定和产权纠纷处理暂行办法》和《集体企业国有资产产权界定暂行办法》的有关规定，城镇集体所有制企业的国有资产所有权界定按以下规定执行。

①国有单位以货币、实物和所有权属于国家的土地使用权、知识产权等独资（包括几个国有单位合资，下同）创办的以集体所有制名义注册登记的企业单位，资产所有权界定按照对国有独资企业国有资产所有权界定的规定办理。但依国家法律、法规规定或协议约定并经国有资产监督管理机构认可的属于无偿资助的

除外。

②国有单位用国有资产在非国有单位独资创办的集体企业中的投资，以及按照投资份额应取得的资产收益，用于集体企业发展生产的，界定为国有资产。

③集体企业依据国家统一规定享受减免税优惠而形成的资产，不界定为国有资产。享受国家税前还贷、以税还贷等特殊优惠政策而形成的资产，其中国家税收应收未收的部分，界定为国有资产；集体企业享受国家特殊减免税优惠政策，凡在执行政策时约定其减免税部分为国家扶持基金并实行专项管理的，界定为国有资产。对这部分国有资产，国家只保留所有权和最终处置权，不参与管理及收益，企业应将其用于生产发展，不得挪作他用或私分。

④集体企业使用银行贷款、国家借款等借贷资金形成的资产，国有单位只提供担保的，不界定为国有资产，但履行了连带责任的，国有单位应予追索或经协商转为投资。

⑤集体企业无偿占用城镇土地的，其土地使用权属于国有，企业应当有偿使用。占用国有单位土地的，可以实行租用制度。

⑥凡界定为国有资产的，均按国有资产占企业总资产的份额滚动计算出资人权益。

⑦集体企业中的下列资产，不界定为国有资产：

第一，国家以抚恤性质拨给残疾人福利企业的实物和资金；

第二，全民单位在劳动就业服务企业开办时拨给的闲置设备等实物资产；

第三，全民单位人员将个人所有的专利、发明等带给集体企业所形成的资产；

第四，明确约定为借款或租赁性质支持集体企业发展而形成的资产；

第五，其他经认定不属于国有的资产。

对经界定属于国有资产的，企业可继续使用，具体可以采取下列几种办法处理：

继续使用并支付使用费：企业可以继续使用国有资产，但需要按照规定向国有资产管理部门或履行出资人职责的机构支付相应的使用费。

产权转让：企业可以通过产权交易市场，依法依规将国有资产的产权转让给其他企业或个人，转让过程需要公开、公平、公正。

租赁经营：企业可以将国有资产以租赁的形式进行经营，通过签订租赁合同明确租赁期限、租金及双方的权利义务。

作价入股：将国有资产评估作价后，作为出资投入到企业中，成为企业的股份或股权，享有相应的股东权益。

授权经营：国有资产监督管理机构可以授权企业对国有资产进行经营，企业在授权范围内行使对国有资产的管理权和经营权。

重组改制：在企业重组或改制过程中，可以将国有资产作为重组资产的一部分，通过改制设立新的企业法人，明确新的产权关系。

国有资产证券化：通过将国有资产转化为证券产品，如股票、债券等，实现资产的流动性和资本化。

建立激励机制：将国有资产的收益与企业经营者或员工的业绩挂钩，建立激励和约束相结合的机制。

这些办法旨在确保国有资产的保值增值，同时提高国有资产的使用效率和效益。在处理过程中，需要遵循国家有关国有资产管理的法律法规，确保国有资产的安全和完整。

（三）股份制企业产权界定

股份制企业（含国有独资公司、国有资本控股公司和国有资本参股公司）国有资产所有权界定按以下规定执行。

①国家机关或其授权单位向股份制企业出资形成的股份，包括现有已投入企业的国有资产折成的股份，构成股份制企业中的国家股，界定为国有资产。

②国有独资企业向股份制企业投资形成的股份，构成国有法人股，界定为国有资产。

③股份制企业公积金中，国有单位按照投资比例应享有的份额，界定为国有资产。

④股份制企业未分配利润中，国有单位按照投资比例应享有的相应份额，界定为国有资产。联营企业的国有资产所有权界定参照上述规定的原则办理。

（四）中外合资、合作经营企业产权界定

中外合资、合作经营企业国有资产产权界定按以下规定执行。

①中方以国有资产出资投入的资本总额，包括现金、厂房建筑物、机器设备、场地使用权、无形资产等形成的资产，界定为国有资产。

②企业注册资本增加，按双方协议，中方以分得利润向企业再投资或优先购买另一方股份的投资活动中所形成的资产，界定为国有资产。

③可分配利润及从税后利润中提取的各项基金中中方按投资额比例所占的相应份额，不包括已提取用于职工奖励、福利等分配给个人消费的基金，界定为国有资产。

④企业清算或完全解散时，馈赠或无偿留给中方继续使用的资产，界定为国有资产。

三、产权界定的组织与产权纠纷调处

（一）产权界定组织管理

1. 产权界定的范围

企业国有资产产权界定工作，中央企业由国务院国有资产监督管理委员会负责组织，地方企业由地方政府的各级国有资产监督管理机构负责组织。各级国有资产监督管理机构应当成立国有资产产权界定和产权纠纷调处委员会，具体负责产权界定和产权纠纷处理事宜。一般而言，全国范围内的产权界定工作，应结合清产核资工作部署，逐步开展进行。占有、使用国有资产的单位，发生下列情形的，应当进行产权界定：

①与外方合资、合作的；

②实行股份制改造和与其他企业联营的；

③发生兼并、拍卖等产权变动的；

④国有独资企业创办其他经济实体的；

⑤按照规定需要进行产权界定的其他情形。

2. 产权界定的程序

（1）国有资产产权界定的一般程序

①国家出资企业的各项资产及对外投资，由国家出资企业首先进行清理和界定，国有资产监督管理机构负责监督检查。必要时也可由国有资产监督管理机构直接进行清理和界定。

②国家出资企业经清理、界定已清楚属于国有资产的部分，按财务隶属关系报同级国有资产监督管理机构认定。

③经认定的国有资产，须按规定办理产权登记等有关手续。占用国有资产的其他单位的产权界定，可参照上述程序办理。

（2）清产核资产权界定的一般程序

①组织和发动。企业、单位清产核资机构应组织有关人员认真学习有关政策、文件和规定，明确所有权界定的内容、意义、任务及各项政策界限。

②清理账目和原始凭证。在账目清理过程中，要做到与资产实物清理相结合。

③进行资产清理和产权界定，编制有关产权界定报表。

④对产权界定工作进行总结。它的主要内容包括：所有权界定工作的组织过程、经验总结，在所有权界定工作中发现的问题、解决的问题、尚待解决的问题、政策性建议等。

⑤将报表和工作总结一并报国有资产监督管理机构审核、认定和批复。

⑥企业、单位根据批复的报表，调整有关账目。

（二）产权界定方法

这里主要介绍国有资产所有权界定的方法，其他财产权能的界定可以参照进行。

根据"出资人拥有产权"的原则以及我国国有资产的具体成因，可以从3个方面获取企业财产所有权归属的依据：国家原始投资的查定；国家原始投资增值的查定；国家优惠政策所形成资产的查定。所有权界定的方法就是通过适当的途径和方式获得上述3个方面的资料。

1. 国家原始投资的查定

国家原始投资的查定，涉及国有资产投资活动进行的方式。一般来说，国有资产投资是由政府的某一部门或企业、单位向拟建的企业、单位进行投资。前者称为"主办单位"，后者称为"接受投入单位"。国有资产投资活动起于主办单位，落实于接受投入单位。因此，对国家原始投资的查定，可以按照下列3个步骤进行。

第1步，清查主办单位投资的有关账目和原始凭证，清查期从接受投入单位开办之日起至规定的清查时点止。根据清查结果编制"国家原始投资查定明细表"，确定主办单位拨给接受投入单位的国家出资总额。

第2步，清查接受投入单位的有关账目和原始凭证，时间从接受投入单位开办之日起至规定的清查时点止。然后编制"国家原始投资查定明细表"，确定接受投入单位实际获得的国家出资总额。

第3步，将从上述两方面获得的"国家原始投资查定明细表"进行核对，如核对无误，可将其收作"企业、单位国有资产所有权界定文本"；若发现有漏项或重项，纠正后再将其收作"企业、单位国有资产所有权界定文本"。

2. 国家原始投资增值的查定

国家原始投资增值，主要指出资企业的经营积累，具体体现为企业税后利润提取的生产发展基金中按照出资比例应归属国有的部分。经营积累产生于企业的经营活动，所以，查定国家原始投资的增值，需要清查接受出资单位的财会账目和原始凭证。在查实企业历年利润及利润分配情况的基础上，编制"企业历年利润及利润分配明细表"，计算出企业自开办之日起至规定的清查时点止，国家原始投资增值的总额。为了确保数据准确，"企业历年利润及利润分配明细表"应报国有资产监督管理机构审核批复。国家出资企业、单位投资举办的集体企业，则应当与税务部门进行有关数据核对。对重复或遗漏的项目，应编制调节表进行调整。

3. 国家优惠政策所形成资产的查定

国家优惠政策所形成的资产，主要指减免税形成的资产、税前还贷和以税还贷形成的资产。要获得这方面的资料，必须清查企业历年经营积累情况，然后据此编制"企业历年经营积累明细表"，计算出企业自开办之日起至规定的清查时点止，国家优惠政策所形成的资产总额。为了确保数据准确，"企业历年经营积累明细表"也应当报国有资产监督管理机构审核批复。

最后，将查实的上述3个方面资料汇总计算，在此基础上编制所有权界定情况简表，报国有资产监督管理机构认定。企业根据批复的报表，调整有关账目。至此，国有资产所有权界定工作结束。

（三）产权纠纷调处

1. 产权纠纷调处的含义

（1）产权纠纷

产权纠纷，是指有关当事人对财产所有权或经营权、使用权等产权归属问题所发生的争议。产权纠纷既包括不同所有制主体之间因资产所有权归属而引起的纠纷，也包括国有单位之间在财产最终所有权属于国家的前提下因管辖权、经营权或使用权等权属不清而引起的纠纷。

（2）产权纠纷调处分析

对于发生在国有单位之间的产权纠纷，应当在维护国有资产权益的前提下，由当事人协商解决；协商不成的，则应向同级或共同上级的国有资产监督管理机构申请调解和裁决，也可报请有管辖权的人民政府裁决。国务院作为国有资产所有者代表拥有最终裁决权。

对于发生在不同所有制主体之间的产权纠纷，例如发生在国有单位与集体单位或个人之间的产权纠纷，从民事法律关系上讲，这几种不同所有制主体处于平等的法律地位，其纠纷应由争议双方当事人协商解决；协商不成的，由司法部门处理或通过民间的仲裁机构解决。但国有单位对产权纠纷所提出的处理意见，需先经过国有资产监督管理机构同意后，再与对方当事人协商解决；不能协商解决的则依司法程序处理。

（3）国有资产产权纠纷调处

国有资产产权纠纷调处，是指国有资产监督管理机构依据我国有关法律法规的规定，对发生在国有单位之间的国有资产产权纠纷案件进行行政调解或裁决的行为。产权纠纷调处是一种政府行政行为，属于行政权的范畴。根据宪法和有关法律法规的规定，国务院和地方各级人民政府及其行政管理部门，有权发布决定和命令，并对其管辖范围内的有关纠纷做出行政裁决。

理解国有资产产权纠纷调处的含义，需要搞清调处与相关概念的区别。

首先，要区分调处与调解的区别。所谓调解是指具有中立性的第三者通过纠纷当事人之间的意见交换或者通过提供正确的信息，帮助当事人达成意见一致或双方认同的解决方案。而调处则具有行政权威的色彩，调处纠纷是指具有行政职权的调处者对纠纷进行调解或裁决的过程。调处一词的基本含义包括调解和行政裁决两个方面的内容。

在处理国有资产产权纠纷案件时，应当坚持以调解为主的原则。采用调解的方法解决纠纷，是审判程序、裁决程序都普遍适用的一条原则。在国有资产产权纠纷调处中，由于纠纷各方都是国有单位，无论争议标的最终归属于哪一方，都不会导致国有资产流失，但解决得不好会损害有关当事人的合法权益，进而影响国有资产的利用效率和经济建设的发展。如果能够通过协商公正合理地解决这类纠纷，促成各方消除分歧，则有利于矛盾的及时化解，促进国有资产经营使用效率的提高。在调处产权纠纷案件时，国有资产监督管理机构处于政府主管部门的地位，与纠纷当事人不存在利益关系，因此，国有资产监督管理机构提出的解决方案，容易为纠纷各方接受和认同，有利于促成调解的达成，使纠纷得到及时解决。

其次，要将产权纠纷调处与仲裁相区分。仲裁是由民间的仲裁机构来进行的，只有当事人双方自愿到该仲裁机构申请仲裁，仲裁裁决才具有法律效力。而产权纠纷调处机关对国有资产产权纠纷的调处是一种行政行为，各级国有资产监督管理机构对本级政府所辖范围内国有单位的国有资产产权纠纷，可以依据一方当事人的申请，依法受理并进行调处，无须征得纠纷双方当事人的一致请求、同意。

2. 产权纠纷调处的基本依据

国有资产产权纠纷调处的基本依据是：

（1）出资人拥有产权原则

出资人拥有产权原则，是调处国有资产产权纠纷的最基本依据。处理产权纠纷时，首要的是搞清资产投资主体，并注意正确区分投资行为和非投资行为，据以界定产权归属。

（2）行政划拨文件

国有资产的行政划拨是产权界定和产权纠纷调处的重要依据。根据国有资产"统一所有、分级管理"的原则，各级政府对其管辖范围内的国有资产拥有依法划拨的权力，国务院拥有最终的处置权。国有资产的依法划拨应有法律及文件依据，并办理相应手续。只要文件依据充分，手续齐全，就可以作为国有资产产权界定和产权纠纷调处的依据。

（3）企业组织形式变更文件

随着现代企业制度的建立，出现了一些新的企业组织形式，例如，组建国有资本控股公司、国有资本参股公司和企业集团等。这些改革凡是经各级政府国有资产监督管理机构批准的，其有关批文和相应的文件，也是认定产权归属的依据。

3. 国有资产产权纠纷调处程序

国有资产产权纠纷调处一般要经过 6 个阶段。

（1）程序性审查

国有资产监督管理机构在接到产权纠纷申诉方提交的申诉书及附具的有关证明文件后，要先对该案的程序性要件进行审查，决定是否立案受理。首先，要审查该案是否属于国有资产产权，不属于国有资产产权的或不同所有制主体之间的产权纠纷，不属于国有资产产权纠纷调处的范围；其次，要审查该案双方的主体资格，确认是否属于本级国有资产监督管理机构调处产权纠纷的管辖范围；最后，要与纠纷的被诉方联系，查验申诉方所提的产权纠纷标的是否确实存在，关键部分是否属实。

（2）立案受理

经过上述程序性要件审查，对符合立案条件的产权纠纷，应当依法立案受理。立案受理后应及时向双方当事人下发受理通知书，申诉人与被申诉人对自己的主张负有举证责任。

（3）书面调处

被申诉人在接到受理通知书后，必须在限期内提交答辩书及有关证明文件，逾期不能提交的并不影响调处工作进行。产权纠纷调处工作应当实现产权纠纷双方当事人的观点相互沟通、充分论辩。经过双方充分的书面论辩，可以使产权纠纷调处人员澄清分歧，辨明是非，抓住问题关键，找到解决纠纷的突破口。

（4）调解阶段

解决国有资产产权纠纷应当坚持以调解为主的原则。在调解中要求国有资产监督管理机构作为中立的第三者，通过促成当事人之间的意见交换或者提供正确的信息，提出适当的纠纷解决方案，帮助当事人达成合意，化解纠纷，避免双方感情用事，激化矛盾。

（5）依法裁决

对确无调解基础和条件的国有资产产权纠纷，受理纠纷的国有资产监督管理机构有权依法进行裁决，以避免因久拖不决而导致国有资产流失和致使企业、单位工作遭受损失。产权纠纷的调解书和裁决书是具有法律效力的文件。对产权纠纷进行裁决的调处部门要制作"国有资产产权纠纷裁决书"，并将其送达纠纷双方当事人。

（6）行政复议

国有资产产权纠纷当事人对裁决不服，可以在规定的时期内向上一级国有资产监督管理机构申请行政复议。复议机关经过审理，应做出维持、变更或撤销原具体行政行为或者责令被申请人补正、限期履行和重新做出具体行政行为的复议决定。

一方当事人拒不执行已发生效力的调解书或裁决书的，除由政府及国有资产监督管理机构追究其行政责任外，另一方当事人可以向法院提起侵权诉讼，请求法院判决执行。由此造成损失的，须追究直接责任人员及领导者的责任。

第三节　国有资产产权登记

一、产权登记概述

（一）产权登记的概念

产权登记是根据我国国情，适应我国国有资产监督管理的需要而开展的一项国有资产基础管理工作。国有资产产权登记，是指国有资产监督管理机构等部门代表国家对占有国有资产的企业和行政事业单位的国有资产产权状况进行登记，依法确认产权归属关系的行为。这一概念从以下 5 个方面揭示了产权登记的内涵。

第一，产权登记的主体是各级政府的有关部门，即国有资产产权登记是由政府产权登记主管机关组织实施的；

第二，产权登记的客体是占有国有资产的各类企业和行政事业单位，其中企业国有资产产权登记是产权登记工作的重点；

第三，产权登记的内容是企业的资产、负债、所有者权益等产权状况和行政事业单位国有资产的产权状况；

第四，产权登记的目的是依法确认企业、单位国有资产的产权归属关系，即依法确认国家作为国有资产所有者、企业和单位作为国有资产占有及使用者各自享有的权利和应承担的义务；

第五，产权登记的性质是"法律行为"，即产权登记的结果具有法律效力。

产权登记与产权界定有着密切的联系。产权登记是产权界定工作的延伸，产权界定在依法划分财产所有权和经营权、使用权等产权归属之后，需要以产权登记的方式加以确认，使产权界定结果得到法律的认可和保护；产权界定是产权登记的基础与前提，没有产权界定工作，产权登记对财产所有权和经营权、使用权等产权归属关系的确认就失去了依据。在国有资产监督管理实践中，产权界定和产权登记通常是两个相互联系的工作阶段。

（二）产权登记的意义

1. 加强国有资产监督管理的重要手段

我国经济体制改革的目标是建立社会主义经济体制。国有资产产权登记，是在社会主义市场经济条件下，国家对占有国有资产的各类企业和行政事业单位的资产经营（使用）活动和产权变动状况进行监督管理的重要手段，它强化了国家所有权监管职能，促进了国有资产产权管理权责的落实。通过开展国有资产产权登记，可以摸清占有国有资产的企业户数和国有资本金总量，为加强国有产权管理打下基础。不进行产权登记，就有可能使国有资产脱离国家的监管范围，对占有、使用国有资产的国家出资企业，国家监管就缺少了必要的手段，进而可能使国家的权益受到损害。产权登记有助于国有资产产权管理职能得到落实和加强，是建立与社会主义市场经济体制相适应的国有资产监督管理和运营体系的重要手段。

2. 建立现代企业制度的必要前提

产权登记是保障国家所有权，落实企业法人财产权的具体形式。产权登记从法律上确认了国家出资企业资产的归属关系，维护了国家所有者的合法权益，同时也明确了企业作为占有、使用国有资产的主体资格及其权利，以及所承担的国有资产保值增值责任，从而促进了国家出资企业产权关系明晰化，为建立现代企业制度创造了条件。

3. 促进企业加强管理的重要措施

产权登记的工作过程，也是政府对企业经营管理状况实施监督的过程。国有资产产权登记表记载着企业所有者权益、资产、负债等多项指标，通过这些信息能够反映企业的资产实力、获利能力、偿债能力和经营风险，可以对企业经营状况进行客观的分析和评价，发现企业产权管理中存在的问题，及早发现、解决可能造成的经济隐患。

4. 国有资产基础管理的重要内容

通过产权登记可以巩固清产核资工作的成果，为及时、准确进行国有资产统计奠定基础，为处理国有资产产权纠纷提供法律依据，产权登记也是进行国有资产保值增值考核的基础和前提。产权登记通过填报、汇总国有资产产权登记及产权变动有关资料，可以获得国有资产总量及其分布结构的基本数据，反映国有资本结构及其变化趋势，为国有经济布局战略调整提供依据。可以监督国家出资企业的出资行为和产权变动过程，及时有效地加以规范、指导和调控，堵塞国有资产监督管理工作中的漏洞，防止国有资产流失现象发生。通过产权登记可以强化对行政事业单位国有资产使用、处置的监管工作，加强对"非转经"资产的管理，提高行政事业性资产使用效率。通过产权登记收集、积累基础数据和开展汇总分析，可以进一步拓展、完善国有资本金管理职能，更好地服务于财政中心工作和经济改革、发展的大局。因此，产权登记是国民经济宏观调控体系的组成部分，可以为政府宏观经济决策提供重要依据。

5. 企业重大事项审批的必备文件

根据有关制度的规定，产权登记证还是企业进行工商登记、股份制改革以及资产评估立项、资产出售和转让等重大事项审批的必备文件之一。随着我国社会主义市场经济的逐步建立，随着产权登记工作的不断发展和完善，产权登记与国家对企业的各项规范与管理工作的配合将日益密切，产权登记的作用和功能也将日益扩大。

（三）产权登记与工商登记的关系

产权登记与工商登记是国家以国有资产所有者和社会经济管理者的不同身份，对微观经济实施监督管理的两种不同手段。它们之间既具有明显的区别，也存在一定的联系。

1. 产权登记与工商登记的区别

（1）登记的目的和任务不同

国有资产产权登记的目的是明确国家作为国有资产所有者，企业、单位作为国有资产占有、使用者所享有的权利和应承担的责任、义务。它的主要任务是监督、保护企业、单位合法有效地经营和使用国有资产，防止国家所有者权益受到损害。

工商登记包括企业法人登记和营业登记，它的目的是确定市场经营单位的法人资格或营业资格，是对其从事市场经营活动的合法性的判定和确认。它的主要任务是规范市场经营主体行为，维护正常社会经济秩序。

（2）登记对象和范围不同

国有资产产权登记的对象，是占用、使用国有资产的企业和行政事业单位。凡具有法人资格，占用、使用国有资产的企业和行政事业单位，都属于国有资产产权登记的范围。

工商登记的对象是从事市场经营活动的企业和单位，登记的范围是：

①具备法人条件的国家出资企业、集体企业、私营企业、联营企业、外商投资企业及股份制企业等；

②具备法人条件的实行企业化管理的事业单位和从事经营性活动的科技类社会团体；

③企业法人设立的不能独立承担民事责任的分支机构和由国家核拨经费的从事经营性活动的事业单位、科技类社会团体及其设立的不具备法人资格的经营单位。

（3）登记的内容不同

工商登记的内容主要包括企业、经营单位的名称、住所、法定代表人、经济性质、经营范围、从业人员、注册资金等基本情况。

产权登记除登记上述一般事项之外，还要登记资产总额、国有资产总额、国有资本金等反映国有资产占用量及其变动情况的事项，因此企业产权登记的内容多于工商登记的内容。

（4）登记表、证的作用不同

工商登记注册书是企业、经营单位向市场监管机关申请登记注册的申报文书，市场监管机关核发的企业法人营业执照是企业、经营单位取得法人资格或合法经营权的法律凭证。

国有资产产权登记表是企业、单位对国家承担占用国有资产的经济责任和国家对这些国有资产享有所有权的凭证，是国有资产产权证书的副本。国有资产产权登记表与国有资产产权证书具有相同的性质和功能，是确认国家与占用国有资产的企业、单位之间产权关系的法律凭证。

2. 产权登记与工商登记的联系

（1）登记功能上的联系

国有资产产权登记，是国家对企业、单位占有、使用国有资产予以确认的法律手段，它为国家出资企业、单位的工商登记提供了有法律保障的资信证明，有利于提高工商登记的准确性和工作效率。

工商登记是国家认定企业、经营单位的经营能力和承担民事责任的能力，确认其从事经营活动合法地位的法律行为，它有利于维护正常的经济秩序，保护国家和企业的财产权益。两者在功能上是相辅相成的。

（2）登记客体上的联系

国有资产产权登记的客体是占有、使用国有资产的各类企业和行政事业单位。工商登记的对象是从事市场经营活动的企业和经营单位。

若某一企业占有、使用了一定量的国有资产，那么它既要进行产权登记，也要进行工商登记。两种登记在客体上具有一定的相容性。

（3）登记内容上的联系

工商登记包括企业单位名称、负责人、注册资金等基本内容。

国有资产产权登记除上述基本内容外，还包括国有资产总额等内容。两种登记在内容上具有包含关系。

（4）登记类型上的联系

在登记的类型上，企业国有资产产权登记中的占有产权登记、变动产权登记、注销产权登记和产权登记年度检查，与工商登记中的开业登记、变更登记、注销登记和工商年度检验在形式上具有一一对应、密切衔接的关系。

二、企业产权登记

（一）企业产权登记的对象

企业产权登记的对象是所有各类国家出资企业，即以各种形式占有国有资产的企业都必须办理产权登记。国有独资企业、国有独资公司、国家控股企业和国家参股企业，以及其他形式占有国有资产的企业，都应当向国有资产监督管理机构部门申报、办理产权登记。

凡下列已取得法人资格或申请取得法人资格的企业和国家授权投资机构，均应按规定申办企业国有资产产权登记：

①国有独资企业、国有独资公司、国家控股公司和国家参股公司；

②国有授权投资机构；

③占有国有资产的集体企业；

④国有独资企业和国有独资公司投资设立的企业；

⑤其他形式占有、使用国有资产的企业。

（二）企业产权登记的具体规定

对于不同组织形式的企业，产权登记操作有不同的规定。具体包括：

1. 国家出资企业

国有独资企业、国有独资公司、国家控股公司和国家参股公司，只要取得了法人资格，就要申办产权登记。

2. 国家授权投资机构

国家授权投资机构必须符合下列条件：

①省级以上国家授权投资机构；

②按照国家有关法律、法规的规定设立，并且办理了企业国有资产占有产权登记和企业法人注册登记；

③授权投资机构内部各企业按照公司法及有关法律、法规的规定，明晰产权关系，构造母子公司体制；

④经批准在授权投资机构内部实行合并会计报表制度；

⑤国家其他关于国家授权投资机构的有关规定。

对于符合规定的国家授权投资机构，应当按照实施细则中的规定进行产权登记。国家授权投资机构应到同级国有资产监督管理机构办理占有产权登记、变动产权登记、注销产权登记。国家授权投资机构出资设立的国有独资企业，由该独资企业办理上述产权登记。国家授权投资机构及其出资设立企业的产权登记年度检查，由国家授权投资机构一并向同级国有资产监督管理机构办理，即其投资设立的企业不需单独到国有资产监督管理机构部门办理年度检查。

3. 企业集团

通过资本纽带构成母子公司关系的企业集团，母公司要办理占有产权登记、变动产权登记和注销产权登记，子公司也要办理相应的产权登记；母公司、子公司新设企业要办理新设企业产权登记和占有产权登记；产权登记年度检查，由母公司统一进行。没有母子公司关系的企业集团成员按一般企业的要求进行产权登记。

4. 集体企业

凡占有国有资产的集体企业是进行产权登记的对象，但集体企业应当在产权界定的基础上申办产权登记。

5. 有限责任公司、股份有限公司、中外合资合作经营企业和联营企业

这些企业由国有股权持股单位申办产权登记或委托企业申办产权登记。国有股权持股单位明确的，由持股单位申办企业产权登记，也可以委托企业申办产权登记；国有股权持股单位不明确的，由企业办理产权登记。

其中，由两个以上股东组建的有限责任公司、中外合资合作经营企业和联营企业，由产权登记机关按股权比例最大的国有股权持股单位的产权归属关系组织该企业产权登记；若股权相等，则由推举的国有股权持股单位产权的归属关系组织该企业的产权登记。

邮电、铁路、金融等行业，根据管理需要办理国有资产产权登记。

（三）企业产权登记的种类

企业国有资产产权登记管理包括4种产权登记行为：占有产权登记、变动产权登记、注销产权登记和产权登记年度检查。

1. 占有产权登记

占有产权登记，是对拟设立的企业和已在工商管理机关注册登记并取得法人

资格的企业占有使用国有资产的情况进行登记的行为，适用于所有占有、使用国有资产的法人企业。拟申请取得法人资格的企业，在取得企业法人资格后到原产权登记机关办理占有产权登记；在实施产权登记之前已经取得法人资格的企业，应当补办占有产权登记。

由企业产权登记主管机关审定的企业产权登记表和变动产权登记表，是拟申请取得法人资格的企业办理相应工商登记必备的资信证明文件。国家出资企业无论是申请企业法人设立登记还是变更登记，工商登记机关只需要资信证明，不需要会计师事务所等机构出具的验资证明。所以，已经通过国有资产产权登记的，在申请企业法人开业登记或变更登记时，申请单位只需提交经产权登记机关核准的国有资产产权登记表，就可以代替资金数额的证明文件。

对于拟设立的企业来说，其工商注册有被批准和不被批准两种可能。新设企业产权登记表仅限于企业申请取得法人资格时使用，拟设立企业持该表到工商机关办理注册登记，待被批准注册并取得企业法人资格后，再据此办理合法占有、使用国有资产的占有产权登记，领取产权登记证。这样可以防止未被批准注册的企业进行虚假的占有产权登记，扰乱国家工商管理和正常的经济秩序。可见，企业产权登记表有以下两个作用：第一，为企业申办设立提供资信证明；第二，保证占有国有资产产权登记的真实性。

2. 变动产权登记

变动产权登记，适用于企业发生企业名称、住所或者法定代表人改变的；企业资本金增加或减少超过一定比例的或国家资本金比例发生较大变化的；企业分立、合并或者改变经营形式的以及产权登记机关规定的其他变动情形。

3. 注销产权登记

注销产权登记，适用于企业发生解散、被依法撤销或者依法宣告破产的以及产权登记机关规定的其他情形。

4. 产权登记年度检查

产权登记年度检查，适用于已经办理了占有产权登记的企业。年度检查的主要内容是：出资人的资金实际到位情况；企业国有资产的结构变化；企业对外投资情况；国有资产增减、变动情况以及产权登记机关规定的其他事项。

（四）企业产权登记表

1. 产权登记表的种类

企业国有资产产权登记表，是按照国家统一规定设计的、用以记录企业占有、使用国有资产状况的一整套表格。国有资产产权登记表是国有资产产权登记证的副本，是国家对企业行使国有资产所有权并进行相应监管的法律凭证，是企业对国有资产享有占有、使用权和对国家承担保值增值责任的依据，是企业占有、使用国有资产的资金信用证明，是核发、换发或收回国有资产产权登记证的凭据，是产权登记机关和政府部门对企业国有资产占有、使用、变动等情况进行汇总分析的原始文件资料。

根据不同产权登记行为和产权登记年度检查制度，产权登记工作共设计有 4 种企业国有资产产权登记表，即占有产权登记表、变动产权登记表、注销产权登记表和产权登记年度检查表。

2. 产权登记表的内容

①占有产权登记表的内容。企业国有资产占有产权登记表是产权登记中结构较复杂、登记内容较多的登记表。它包括：企业的一般事项；国有资产占有状况；企业资产、负债、注册资本金及无形资产的有关情况；企业吸收投资情况；企业对外投资情况；企业主管部门的审查意见和产权登记主管机关的审定意见。

②变动产权登记表的内容。它包括：企业产权变动前的一般情况；企业发生变动的有关事项；企业国有产权变动的原因；企业产权变动后的情况；企业产权变动的审查意见。

③注销产权登记表的内容。它包括：企业注销前的一般情况；企业的资产、负债、所有者权益；企业注销前的情况；企业注销的审查情况。

④产权登记年度检查表的内容。它包括：占有国有资产企业的一般事项；企业本年度与上年度的资产、负债和所有者权益情况；企业对外投资情况；企业主管部门的审查意见和产权登记主管机关的审定意见。

3. 产权登记证

产权登记证是占有产权登记表的转化形式，是依法确认企业产权归属关系的法律凭证。产权登记证由产权登记主管机关依据审定的产权登记表等填写、核发。该证书一经核发，国家与企业的产权关系便得以确定。

第三章　国有资产基础管理之清产核资与统计评价

第一节　账务清理、资产清查和资产价值重估

一、清产核资的组织

（一）清产核资的范围

清产核资的范围可以分为国资委指令的范围和国资委批准的范围两个部分。

1. 国资委指令的范围

国有资产监督管理机构对符合下列情形之一的，可以要求企业进行清产核资。

①资产损失。企业资产损失和资金挂账超过所有者权益。

②会计信息失真。企业会计信息严重失真、账实严重不符。

③不可抗力因素。企业受重大自然灾害或者其他重大、紧急情况等不可抗力因素影响，造成严重资产损失。

④账务异常。企业账务出现严重异常情况，或者国有资产出现重大流失。

⑤其他应当进行清产核资的情形。

2. 国资委批准的范围

符合下列情形之一，需要进行清产核资的，由企业提出申请，报同级国有资产监督管理机构批准。

①产权结构发生重大变动。企业分立、合并、重组、改制、撤销等经济行为涉及资产或产权结构重大变动情况。

②会计政策发生重大更改。会计政策发生重大更改，是指企业在会计确认、

计量和报告中所采用的原则、基础和会计处理方法发生变化。

③特定经济行为。国家有关法律法规规定企业特定经济行为必须开展清产核资工作的。

（二）清产核资的程序

企业清产核资除国家另有规定外，应当按照下列程序进行（见表3-1）。

表3-1　清产核资的程序

步骤	具体内容
企业提出申请	企业清产核资申请报告应当说明清产核资的原因、范围、组织和步骤及工作基准日
批复同意立项	国有资产监督管理机构批复同意立项；对企业提出的清产核资申请，同级国有资产监督管理机构根据本办法和国家有关规定进行审核，经同意后批复企业开展清产核资工作
内设专门机构	指定企业内设的财务管理机构、资产管理机构或者多个部门组成的清产核资临时办事机构，统称为清产核资机构，负责具体组织清产核资工作
制定实施方案	企业制定工作实施方案，并组织账务清理、资产清查等工作；企业清产核资实施方案以及所聘社会中介机构的名单和资质情况应当报同级国有资产监督管理机构备案
鉴证损溢	聘请社会中介机构对清产核资结果进行专项财务审计，对有关损溢提出鉴证证明
上报工作结果	企业上报清产核资工作结果报告及社会中介机构专项审计报告；向同级国有资产监督管理机构报送由企业法人代表签字、加盖公章的清产核资工作结果申报材料
核实批复	国有资产监督管理机构收到企业报送的清产核资工作结果申报材料后，应当进行认真核实，在规定时限内出具清产核资资金核实的批复文件
认定损溢	国有资产监督管理机构对资产损溢进行认定，对资金核实结果进行批复

步骤	具体内容
处理账务	企业根据清产核资资金核实结果批复调账。即按照国有资产监督管理机构的清产核资批复文件，对企业进行账务处理，并将账务处理结果报国有资产监督管理机构备案
办理变更手续	企业办理相关产权变更登记和工商变更登记。企业在接到清产核资的批复30个工作日内，应当到同级国有资产监督管理机构办理相应的产权变更登记手续，涉及企业注册资本变动的，应当在规定的时间内到市场监管部门办理工商变更登记手续
完善规章制度	企业在清产核资的基础上，按照国家现行的财务、会计及资产管理制度规定并结合企业实际情况，建立健全各项规章制度，主要包括：资产管理制度、责任制度、风险控制制度、财务信息披露制度、决策制度和纪检监察制度

（三）清产核资实施主体的职责

企业清产核资工作按照统一规范、分级管理的原则，由同级国有资产监督管理机构组织指导和监督检查。各级国有资产监督管理机构负责本级人民政府批准或者交办的企业清产核资组织工作。

1. 国有资产监督管理机构的各项职责

（1）加强组织领导

各级国有资产监督管理机构应当加强企业清产核资的组织领导，加强监督检查，对企业清产核资工作结果的审核和资产损失的认定，应当严格执行国家清产核资有关的法律、法规、规章和有关财务会计制度规定，严格把关，依法办事，严肃工作纪律。

（2）进行监督检查

各级国有资产监督管理机构应当对企业清产核资情况及相关社会中介机构清产核资审计情况进行监督，对社会中介机构所出具专项财务审计报告的程序和内容进行检查。

（3）国务院国有资产监督管理机构的职责

国务院国有资产监督管理委员会在企业清产核资中履行下列职责。

①制定全国企业清产核资规章、制度和办法。

②负责所出资企业清产核资工作的组织指导和监督检查；所出资企业由于国有产权转让、出售等发生控股权转移等产权重大变动需要开展清产核资的，由同级国有资产监督管理机构组织实施并负责委托社会中介机构。

③负责对所出资企业的各项资产损溢进行认定，并对企业占用的国有资本进行核实。

④指导地方国有资产监督管理机构开展企业清产核资工作。

（4）地方国有资产监督管理机构的职责

地方国有资产监督管理机构在企业清产核资中履行下列监管职责。

①依据国家有关清产核资规章、制度、办法和规定的工作程序，负责本级人民政府所出资企业清产核资工作的组织指导和监督检查。

②负责对本级人民政府所出资企业的各项资产损溢进行认定，并对企业占用的国有资本进行核实。

③指导下一级国有资产监督管理机构开展企业清产核资工作。

④向上一级国有资产监督管理机构及时报告工作情况。

2. 企业清产核资机构的职责

第一，企业清产核资机构负责组织企业的清产核资工作，向同级国有资产监督管理机构报送相关资料，根据同级国有资产监督管理机构清产核资批复组织企业本部及子企业进行调账。

第二，子企业由于国有产权转让、出售等发生控股权转移等重大产权变动的，由所出资企业自行组织开展清产核资工作。对有关资产损溢和资金挂账的处理，按规定程序申报批准。

3. 多元投资企业的清产核资工作组织

企业投资设立的各类多元投资企业的清产核资工作，由实际控股或协议主管的上级企业负责组织，并将有关清产核资结果及时通知其他有关各方。

（四）清产核资的要求

1. 国家出资企业

国家出资企业清产核资的要求，见表 3-2。

表 3-2　国家出资企业清产核资的要求

要求	内容
全面彻底	企业进行清产核资应当做到全面彻底、不重不漏、账实相符，通过核实"家底"，找出企业经营管理中存在的矛盾和问题，以便完善制度、加强管理、堵塞漏洞
认真清理	企业在清产核资中应当认真清理各项长期积压的存货，以及各种未使用、剩余、闲置或因技术落后淘汰的固定资产、工程物资，并组织力量进行处置，积极变现或者收回残值
实事求是	企业在清产核资工作中应当坚持实事求是的原则，如实反映存在的问题，清查出来的问题应当及时申报，不得瞒报虚报。企业清产核资申报处理的各项资产损失应当提供具有法律效力的证明材料
明晰产权	企业清产核资中产权归属不清或者有争议的资产，可以在清产核资工作结束后，依据国家有关法规，向同级国有资产监督管理机构另行申报产权界定
全面总结	企业在完成清产核资后，应当全面总结，认真分析在资产及财务日常管理中存在的问题，提出相应整改措施和实施计划，强化内部财务控制，建立相关的资产损失责任追究制度，以及进一步完善企业经济责任审计和企业负责人离任审计制度
加强财务管理	企业应当在清产核资中认真清理各项账外资产、负债，对经批准同意入账的各项盘盈资产及同意账务处理的有关负债，应当及时纳入企业日常资产及财务管理的范围
健全不良资产管理机制	企业对清产核资中反映出的各项管理问题应当认真总结经验，分清工作责任，建立各项管理制度，并严格落实。应当建立健全不良资产管理机制，巩固清产核资成果

要求	内容
建立账销案存制度	企业对经批复同意核销的各项不良债权、不良投资及实物资产损失，应当加强管理，建立账销案存管理制度，组织力量或成立专门机构积极清理和追索，避免国有资产流失
积极配合中介机构工作	进行清产核资的企业应当积极配合社会中介机构的工作，提供审计工作和经济鉴证所必要的资料和线索。企业和个人不得干预社会中介机构的正常执业行为。社会中介机构的审计工作和经济鉴证工作享有法律规定的权利，承担法律规定的义务

2. 中介机构

①实施专项财务审计。除涉及国家安全的特殊企业以外，企业清产核资工作结果须委托符合资质条件的社会中介机构进行专项财务审计。

②独立、客观、公正。社会中介机构应当按照独立、客观、公正的原则，履行必要的审计程序，认真核实企业的各项清产核资材料，并按规定进行实物盘点和账务核对。

③合规评判。对企业资产损溢按照国家清产核资政策和有关财务会计制度规定的损溢确定标准，在充分调查研究、论证的基础上进行职业推断和合规评判，提出经济鉴证意见，并出具鉴证证明。

④加强会计档案管理。企业及社会中介机构应当根据会计档案管理的要求，妥善保管有关清产核资各项工作的底稿，以备检查。

二、账务清理和资产清查

（一）账务清理的要求

账务清理是指对企业的各种账户进行全面核对和清理，包括银行账户、会计核算科目、各类库存现金和有价证券等基本财务情况，以及企业的各项内部资金往来情况，以保证企业账账相符，账证相符，确保企业账务的全面、准确和真实。账务清理的要求包括以下方面（见表3-3）。

表 3-3　财务清理的要求

项目	具体内容
核对内部账户	企业账务清理应当以清产核资工作基准日为时点，采取倒轧账的方式对各项账务进行全面清理，认真做好内部账户结算和资金核对工作。通过账务清理要做到总公司内部各部门、总公司同各子企业之间、子企业相互之间往来关系清楚、资金关系明晰
核对清理账务	为保证企业的账账相符、账证相符，企业在清产核资工作中必须认真做好账务清理工作。包括：对企业总公司及子企业所有账户进行清理，以及对总公司同各子企业之间的各项内部资金往来、存借款余额、库存现金和有价证券等基本账务情况进行全面核对和清理，以保证企业各项账务的全面和准确
清理违规账户	企业在清产核资中，应当认真清理企业及所属子企业各种违规账户或者账外账，按照国家现行有关金融、财会管理制度规定，检查本企业在各种金融机构中开立的银行账户是否合规。对违规开立的银行账户应当坚决清理；对于账外账的情况，一经发现，应当坚决纠正
清理存款账户	企业对在金融机构开立的人民币支付结算的银行基本存款账户、一般存款账户、临时存款账户、专用存款账户，以及经常项目外汇账户、资本项目外汇账户等要进行全面清理
清理风险财产	企业在清产核资中，应当认真对企业总部及所属子企业对内或者对外的担保情况、财产抵押和司法诉讼等情况进行全面清理，并根据实际情况分类排队，采取有效措施防范风险

（二）资产清查的要求

资产清查是指对企业的各项资产进行全面的清理、核对和查实。资产清查的基本要求包括以下 4 个方面。

1. 全面清理

企业应当在清产核资过程中认真组织力量做好资产清查工作，对企业的各项资产进行全面的清理、核对和查实。社会中介机构应按照独立审计准则的相关规定对资产盘点进行监盘。

2. 账实相符

企业在组织资产清查时，应当把实物盘点同核实账务结合起来，在盘点过程中要以账对物、以物核账，做好细致的核对工作，保证企业做到账实相符。

3. 真实准确

企业资产清查工作应当把清理资产同核查负债和所有者权益结合起来，对企业的负债、权益认真清理，对于因会计技术差错造成的不实债权、债务进行甄别并及时改正；对清查出来的账外权益、负债要及时入账，以确保企业的资产、负债及权益的真实、准确。

4. 核实产权

企业资产清查工作应当重点做好各类应收及预付账款、各项对外投资、账外资产的清理，查实应收账款的债权是否存在，核实对外投资初始成本的现有实际价值。

（三）资产分类清查

企业资产清查应分类进行，主要分为以下 8 类。

1. 流动资产的清查

流动资产是指可以在一年或者超过一年的一个营业周期内变现或者耗用的资产。流动资产清查核实的范围和内容包括货币资金、应收及预付款项、短期投资和存货等。

（1）货币资金的清查

货币资金是指直接以货币形态存在的经营资金。包括现金、存款和其他货币资金。货币资金的清查要求是：

货币资金的清查要求企业必须严格按照财务制度和审计规定，定期对现金、银行存款及其他货币资金进行盘点和核对，确保账实相符，发现差异应及时查明原因并进行处理，同时应加强对货币资金的内部控制和管理，防止挪用、侵占等违规行为，保障货币资金的安全和完整。

（2）应收及预付款项的清查

应收及预付款项是指企业所拥有的将来收取货币资金或得到商品劳务的权利。属于短期债权，即在一年内或者长于一年的一个营业周期内可以收回的债权。应收及预付款项的清查内容包括应收票据、应收账款、其他应收款、预付账款和待摊费用。应收及预付款项的清查要求是：

第一，分类查实。分类查实应收票据。企业应当按其种类逐笔与购货单位或者银行核对查实。清查应收账款、其他应收款和预付账款时，企业应当逐一与对方单位核对，以双方一致金额记账。

第二，清理债权。对有争议的债权要认真清理、查证、核实，重新明确债权关系。

第三，清理拖欠。对长期拖欠，要查明原因，积极催收；对经确认难以收回的款项，应当明确责任，做好有关取证工作；应当认真清理企业职工个人借款并限期收回。

（3）短期投资的清查

短期投资是指能够随时变现、持有时间不超过一年的有价证券和其他投资。主要包括国库券、各种特种债券、股票及其他短期投资。

（4）存货的清查

存货是指企业在生产经营过程中为销售或者耗用而储存的各种资产。主要包括原材料、辅助材料、燃料、修理用备件、包装物、低值易耗品、在产品、半成品、产成品、外购商品、协作件以及代保管、在途、外存、外借、委托加工的物资（商品）等。存货的清查要求是：

①清仓查库。各企业都应当认真组织清仓查库，对所有存货全面清查盘点；对清查出的积压、已毁损或需报废的存货，应当查明原因，组织相应的技术鉴定，并提出处理意见。

②查收外借。对长期外借未收回的存货，应当查明原因，积极收回或按规定作价转让。

③代查保管。代保管物资由代保管单位协助清查，并将清查结果告知产权单位。

2. 固定资产的清查

固定资产是指使用年限在一年以上、单位价值在规定标准以上，在使用过程中保持原有物质形态的资产。固定资产清查的范围主要包括房屋及建筑物、机器设备、运输设备、工具器具和土地等。固定资产的清查要求如下。

①分类查实。对固定资产要查清固定资产原值、净值，已提折旧额，清理出已提足折旧的固定资产、待报废和提前报废固定资产的数额及固定资产损失、待核销数额等。

②核对出租。租出的固定资产由租出方负责清查，没有登记入账的要将清查结果与租入方进行核对后，登记入账。

③清理外借。对借出和未按规定手续批准转让出去的资产，应当认真清理收回或者补办手续。

④查明盈亏。对清查出的各项账面盘盈（含账外）、盘亏固定资产，要认真查明原因，分清工作责任，提出处理意见。

⑤重新登记。经过清查后的各项固定资产，依据用途（指生产性或非生产性）和使用情况（指在用、未使用或不需用等）进行重新登记，建立健全实物账卡。

⑥处理闲置资产。对清查出的各项未使用、不需用的固定资产，应当查明购建日期、使用时间、技术状况和主要参数等，按调拨（其价值转入受拨单位）、转生产用、出售、待报废等提出处理意见。

⑦明确权属，定级估价。土地清查的范围包括企业依法占用和出租、出借给其他企业使用的土地，企业举办国内联营、合资企业以使用权作价投资或入股的土地，企业与外方举办的中外合资、合作经营企业以使用权作价入股的土地。

3. 长期投资的清查

长期投资的清查主要包括总公司和子企业以流动资产、固定资产、无形资产等各种资产的各种形式投资。长期投资的清查要求如下。

（1）确认产权

在清查对外长期投资时，凡按股份或者资本份额拥有实际控制权的，一般应采用权益法进行清查；没有实际控制权的，按企业目前对外投资的核算方式进行清查。清查内容包括：有关长期投资的合同、协议、章程，有权力部门的批准文件，确认目前拥有的实际股权、原始投入、股权比例、分红等项内容。

（2）明确收益

企业在境外的长期投资清查主要包括以资金、实物资产、无形资产在境外投资举办的各类独资、合资、联营、参股公司等企业中的各项资产，由中方投资企业认真查明管理情况和投资效益。

4. 在建工程的清查

在建工程是指正在施工的项目、停止建设的项目、暂缓建设的项目、已完工未交付使用的项目和交付使用但未验收入账的项目和报废的项目。在建工程清查的范围主要是在建或停缓建的国家基建项目、技术改造项目，包括完工未交付使用（含试车）、交付使用未验收入账等工程项目、长期挂账但实际已经停工报废的项目。

5. 无形资产的清查

无形资产是指企业长期使用而没有实物形态的资产。无形资产清查的范围和内容包括各项专利权、商标权、特许权、版权、商誉、土地使用权及房屋使用权等。

无形资产的清查要求是：

（1）全面盘点

对无形资产的清查进行全面盘点，确定其真实价值及完整内容；核实权属证明材料，检查实际摊销情况。

（2）正确入账

购入的无形资产，按实际成本入账；自行开发的无形资产，按实际发生的支出数记账；土地使用权及房屋使用权等无形资产，按评估确认值记账；接受馈赠的无形资产，按所附单据或者参照同类无形资产市价入账。

6. 递延资产及其他资产的清查

递延资产是不能全部计入当期损益，应当在以后年度分期摊销的费用，属于长期待摊费用，包括开办费、租入固定资产改良支出和特准储备物资等。递延资产的清查要求如下。

（1）逐项清理

按开办费、租入固定资产改良支出和特准储备物资分类清理，分类建账。

（2）核查摊销

清查开办费和租入固定资产改良支出时，按摊销余额登记。开办费是指企业筹创期间发生的费用。开办费的摊销期由企业自行规定，但不得低于 5 年。租入固定资产改良支出，是指以经营租赁方式租入的固定资产，为适应生产需要而进行改良所发生的费用，属于长期待摊费用，在租赁期内分期平均摊销。

（3）核查特储

特准储备物资是指具有专门用途，不参加生产经营的经国家批准储备的特种物资。专门用途一般是指国家应付自然灾害和意外事故等特殊需要。它不占用企业的资金，也不属于企业的存货。平时企业无权动用，只有当发生战争或灾荒时，企业才能按国家的命令调拨。"特准储备物资"账户用于核算企业（主要是商业企业）特准储备物资的增减变动和结存情况。"特准储备物资"账户下，应按特准储备物资的品种、规格设置明细账户。特准储备物资清查时按账面余额登记。

7. 负债的清查

负债，是指企业承担的、能够以货币计量、以资产或者劳务偿付的债务。负债清查的范围包括各项流动负债和长期负债。流动负债是指将在一年或者超过一年的一个营业周期内偿还的债务。流动负债要清查各种短期借款、应付及预收款项、预提费用及应付福利费等。长期负债是指偿还期在一年或者超过一年的一个营业周期以上的债务。长期负债要清查各种长期借款、应付债券、长期应付款、住房周转金等。

（1）核对明细

逐项核对各类流动负债和长期负债明细账，明细账余额应与对应账户余额一致。

（2）账账相符

企业与债权单位逐一核对账目，达到双方账面余额一致。

8. 所有者权益的清查

所有者权益，是企业出资人对企业净资产的所有权。净资产是企业全部资产减去负债后的余额。所有者权益包括投入资本、资本公积、盈余公积、未分配利润。

（1）投入资本的清查

投入资本是指投资者实际投入权益经营活动的各种财产物资，是所有者权益的基本组成部分，包括货币、实物、证券和无形资产等。投入资本的清查要求是：分类设账，按投资者类别设置明细账。账账相符，明细账账面余额应当与"实收资本"账户一致。

（2）资本公积的清查

资本公积是指包括股本溢价、法定财产重估增值和接受捐赠的资产价值在内的资本积累项目。资本公积的清查要求是：分类核对，资本公积按类别逐一核对。账账相符，明细账余额应当与资本公积账户一致。

（3）盈余公积的清查

盈余公积是指按照国家规定，从利润中提取的公积金。盈余公积金的用途是转增资本金、弥补亏损和分配红利。盈余公积的清查要求是：据实记账，盈余公积按实际提取数记账，盈余公积设明细科目核算。账账相符，各明细科目余额之和应当与"盈余公积"账户余额一致。

（4）未分配利润的清查

未分配利润是企业实现的利润扣除所得税、提取盈余公积、分配利润后的余额，是企业留于以后年度分配的利润和待分配利润。未分配利润与盈余公积都属于投资者的资本增值。差别在于盈余公积是已分配并指定用途的利润，而未分配利润是尚未指定用途的利润。未分配利润的清查要求是：核算积存，"利润分配"账户余额即为累计积存的未分配利润。据实登记，清查时，按账面实际余额登记。

三、资产价值重估

（一）资产价值重估基础内容

1. 资产价值重估的作用

①有利于正确反映国有资产价值量。资产价值重估可以基本上解决固定资产账面价值严重背离实际价值问题。重估后的资产价值基本接近实际价值水平。

②有利于正确核算成本。由于资产的账面价值背离实际价值，使固定资产实际消耗的价值不能完全进入成本，造成成本不实。通过资产价值重估，按重估后的资产价值计提折旧费，成本不实的问题可以得到解决。

③有利于足额补偿固定资产消耗。资产价值重估后，升值幅度一般在50%左右。按重估后的固定资产价值计提折旧，可以为解决固定资产补偿不足问题创造条件。

④有利于促进企业技术进步。按重估后的资产价值计提折旧，可以增加企业更新改造基金，增强了企业自我改造、自我发展的能力，有利于促进企业技术改造。

⑤有利于合理分配资产收益。由于资产账面价值背离实际价值，造成成本不实，使一部分资产保值基金转化为财政收入和企业利润，直接影响企业的生产能力。资产价值重估可以提高利润核算水平，合理分配资产收益。

2. 资产价值重估的原则

资产价值重估的原则包括：

①统一政策、合理估价。按照国务院统一的清产核资办法、细则、资产目录和重估标准，进行资产价值重估。

②实事求是。客观反映资产实际价值，即根据实际情况，正确运用重估方法，使重估价值能够真实反映资产的实际价值水平。

③兼顾技术进步。正确核算成本，按照资产重估后的价值计提折旧和调整折旧率，根据规定计入成本。

3. 资产价值重估与资产评估的区别

资产价值重估与资产评估都是对资产价值重新估价的活动。但是，二者又存在区别。主要内容见表3-4。

表3-4　资产价值重估与资产评估的区别

区别	具体内容
目的不同	资产价值重估的目的，主要是解决资产账面价值与实际价值背离的问题，为正确核算成本和核定国有资本金服务；资产评估的目的，主要是为产权变动提供依据
估价标准不同	资产价值重估，按市场价格或者重置成本估算；资产评估，则除了按这两种标准外，还采用收益现值和清算价格估算
范围不同	资产价值重估，是对全国范围内进行清产核资的企业和单位的某些资产进行重新估价；资产评估，是对发生产权变动的企业单位的全部资产进行评估
估价机构不同	资产价值重估，由开展清产核资的企业单位组织专门小组进行；资产评估，由资产占用企业单位委托资产评估机构进行
估价的依据不同	资产价值重估，依据国务院制定的《清产核资办法》和《清产核资资产价值重估实施细则》等文件进行；资产评估，主要依据国务院颁发的《国有资产评估办法》进行

（二）资产价值重估的方法

1. 物价指数法

物价指数法，是以资产购置年度的价格为基期价格，按重估目录所列的价格指数进行资产价值重估的方法。它以资产账面原值（历史成本）为基价，考虑自计价基期到评估期的物价水平变动，相应调增资产价格。如果资产再生产的技术条件变化不大，应用物价指数法评估的资产价格可近似地反映资产的更新重置成本。适用于价格已经完全放开的固定资产的价值重估。

在我国，这种方法被广泛应用于资产保值的宏观经济分析和决策，在资产价值重估和资产转让的评估实务中，也应用这种方法进行某些项目和类别的资产评估，以适应资产实物形态再生产的需要。一般运用分类生产资料物价指数，即按待评资产相对应的生产资料分类物价指数，特别是在资产分类较细、相应的分类物价指数也较齐全的条件下，资产评估值与实际重置成本更为接近。

2. 重置成本法

重置成本法，是指以资产在全新情况下按现行市价的重新购建成本来确定资产价值的方法。重置成本分为复原重置成本和更新重置成本。复原重置成本，是指按现行市场价格，购建以相同材料、标准、设计、技术复制的全新固定资产所需要的成本。更新重置成本，是指按现行市场价格，参照现行技术条件，购建以新材料、新工艺、新设计、新标准和新技术构成的，具有同等功能的固定资产所需要的成本。

第二节　土地清查估价、资产损失认定和资金核实

一、土地清查与估价

（一）土地清查与估价的范围

清产核资中对土地清查估价的范围与整个清产核资的范围是一致的。

①凡是参加清产核资的企业、单位，都要进行土地清查，并逐步开展土地估价工作。

②企业依法占用和出租、出借给其他企业使用的土地。

③企业以土地使用权作价投资举办国内联营企业，或以土地使用权作价入股举办股份制企业的，要查清国有企业投入土地资产的股份和面积。

④企业与外方举办的中外合资、合作经营企业，以土地使用权作价入股的，也要查清中方投入土地资产的股份和面积。

⑤在清产核资前已领取土地证和房地产证的企业、单位，不再进行土地清查登记，只进行土地估价，凭土地证和房地产证办理清产核资中有关土地清查登记事宜。

（二）土地估价方法

土地价格的评估方法包括基准地价系数修正法、市场比较法、收益还原法、成本逼近法和剩余法等。其中，基准地价系数修正法是被广泛采用的土地价格评估方法。因此，我们只介绍基准地价系数修正法。

1. 基准地价系数修正法

基准地价系数修正法是在利用级别或区域基准地价评估宗地地价时，通过对待估宗地地价影响因素的分析，利用宗地地价修正系数，对各级政府公布的同类用途、同级或同一区域土地基准地价进行修正，估算待估宗地客观价格的方法。

2. 影响因素修正系数

影响土地价格的因素都需要确定其修正系数。主要包括：

（1）期日修正系数

指基准地价基准期日至估价基准期日的地价变动指数，即以估价对象的估价基准期日地价指数与政府公布的最近基准期日的地价指数相比较计算得出。一般以政府地价动态监测成果公布的地价指数、地价增长率为准。如果资料不全，可以用物价变动指数来代替。

（2）年期修正系数

土地使用权年期是指土地交易中契约约定的土地使用权年限。土地使用权年限的长短，直接影响可利用土地并获得相应土地收益的年限。如果土地的年收益确定以后，土地的使用期限越长，土地的总收益越多，土地利用效率也越高，土地的价格也会因此提高。因此，通过土地使用权年限修正，可以消除由于使用期限不同所造成的价格上的差别。

（三）土地清查登记的程序与方法

土地清查登记是土地清查估价的首要环节，清查登记包括土地申报、地籍调查、权属审核、注册登记和颁发土地证书 5 个阶段。

1. 土地申报

土地申报是土地登记申请者向政府申请土地登记的行为，是土地登记必须履行的法律程序。参加清产核资的企业、单位，应在规定的时期内，持土地权属证明材料办理申请登记手续；土地登记人员对交验的证明材料进行初审，审核内容包括法人资格证明、法定代表人身份证明、土地权属来源证明等，经初审符合登记条件者，发给土地登记申请书。

2. 地籍调查

地籍调查是在申报的基础上，由土地管理部门按照地籍调查法定程序，对土地权属、界址、面积等进行现场调查和勘测，编绘地籍图件资料，为权属审核、登记注册颁发土地证书提供依据。

3. 权属审核

权属审核是土地清查登记工作的核心内容，其主要任务是以地籍调查的资料和图件为基础，以国家法律、政策为准绳，对照申请者提交的申请书、权属证明材料，逐宗土地进行审查。审查土地权属来源是否合乎法律政策规定，手续是否齐全，界址是否清楚，面积是否准确等。土地权属审核应进行初审和复审，务必达到"权属合法、界址清楚、面积准确"，然后将审查结果予以公告。

4. 注册登记

土地权属审查结果经公告期满，有关各方未提出异议，报政府批准后，即为土地权属得到确认，应将土地权属状况登录于土地登记簿。土地登记簿是具有法律效力的文件，经注册登记的土地权利受国家法律保护。已经登记的项目，非经法定程序，不得变更。土地登记的内容见表3-5。

5. 颁发土地证书

土地注册后，即依据土地登记簿填写和颁发土地证书，作为土地使用者取得土地使用权利的凭证。颁发土地证书必须按照一定的程序进行。颁证过程也是对土地登记工作质量再次检验的过程。

表 3-5　土地登记的内容

项目	主要内容
登记单位的情况	包括单位名称、单位地址、所有制性质、上级主管部门等
土地权属	包括权属性质、权属范围等
土地等级	指按照国家规定正式评定的等级
使用期限	指按照规定正式批准的使用期限
其他方面	如登记时间、登记人员等

二、资产损失认定

(一) 资产损失认定的原则

资产损失认定的原则，见表 3-6。

表 3-6　资产损失认定的原则

原则	主要内容
依规认定	为保证企业资产状况的真实性和财务信息的准确性，企业对清产核资中清查出的已丧失了使用价值或者转让价值、不能再为企业带来经济利益的账面无效资产，凡事实确凿、证明充分的，依据国家财务会计制度和清产核资政策规定，认定为损失，经批准后可予以财务核销
证据合法	企业对清产核资中清查出的各项资产损失，应当积极组织力量逐户逐项进行认真清理和核对，取得足以说明损失事实的合法证据，并对损失的资产项目及金额按规定的工作程序和工作要求进行核实和认定。对数额较大、影响较大的资产损失项目，企业应当逐项作出专项说明，承担专项财务审计业务的中介机构应当重点予以核实
中介鉴证	企业对清产核资中清查出的各项资产损失，虽取得外部法律效力证明，但其损失金额无法根据证据确定的，或者难以取得外部具有法律效力证明的有关资产损失，应当由社会中介机构进行经济鉴证后出具鉴证意见书

原则	主要内容
清理追索	企业对经批准核销的不良债权、不良投资等损失，应当认真加强管理，建立"账销案存"管理制度，组织力量或成立专门机构进一步清理和追索，避免国有资产流失
降低损失	企业对经批准核销的报废毁损固定资产、存货、在建工程等实物资产损失，应当分类排队，进行认真清理，对有利用价值或者能收回残值的，应当积极进行处理，以最大限度降低损失
依规更正	企业清查出的由于会计技术性差错引起的资产不实，不属于资产损失的认定范围，应当由企业依据会计准则规定的会计差错更正办法，经会计师事务所审计提出相关意见后自行处理
同步核销	企业集团内部单位之间、母公司与子公司之间的互相往来款项、投资和关联交易，债务人核销债务要与债权人核销债权同等金额、同时进行，并签订书面协议，互相提供处理债权或者债务的财务资料

（二）资产损失分类认定

1. 货币资金损失的认定

货币资金损失是指企业清查出的现金短缺和各类金融机构存款发生的有关损失。企业清查出的现金短缺，将现金短缺数扣除责任人赔偿后的数额，依据下列证据确认为损失。

①现金保管人确认的现金盘点表（包括倒推至基准日的记录）。

②现金保管人对于短款的说明及相关核准文件。

③由于管理责任造成的，应当有对责任人的责任认定及赔偿情况说明。

④涉及刑事犯罪的应当提供有关司法涉案材料。

2. 坏账损失的认定

坏账损失是指企业不能收回的各项应收款项造成的损失。主要包括：应收账款和其他应收款、应收票据、预付账款等发生坏账造成的损失。对在清产核资中清查出的各项坏账，企业应当逐项分析形成原因，对有合法证据证明确实不能收回的应收款项，分别不同情况，认定为损失。

（1）债务单位消失

因债务单位已被宣告破产、注销、吊销工商登记或者被政府责令关闭等，造成应收款项无法收回的，依据下列证据认定为损失：法院的破产公告和破产清算的清偿文件；市场监管部门的注销、吊销证明；政府部门有关行政决定文件。

对上述情形中已经清算的，应当扣除债务人清算财产实际清偿部分后，对不能收回的款项认定为损失。

对尚未清算的，由社会中介机构进行职业推断和客观评判后出具经济鉴证证明，对确实不能收回的部分认定为损失。

（2）债务人失踪、死亡

因债务人已失踪、死亡，造成应收款项无法收回的，在取得公安机关出具的债务人已失踪、死亡的证明后，确定其遗产不足清偿部分或无法找到承债人追偿债务的，由社会中介机构进行职业推断和客观评判后出具经济鉴证证明，认定为损失。

（3）不可抗力因素影响

因债务人遭受战争、国际政治事件及自然灾害等不可抗力因素影响，造成应收款项无法收回的，由企业作出专项说明，经社会中介机构进行职业推断和客观评判后出具经济鉴证证明，认定为损失。

（4）逾期不能收回

逾期不能收回的应收款项，有败诉的法院判决书、裁定书，或者胜诉但无法执行或债务人无偿债能力被法院裁定终（中）止执行的，依据法院的判决、裁定或终（中）止执行的法律文书，认定为损失。

在逾期不能收回的应收款项中，单笔数额较小、不足以弥补清收成本的，由企业作出专项说明，经社会中介机构进行职业推断和客观评判后出具经济鉴证证明，认定为损失。

逾期3年以上的应收款项，企业有依法催收磋商记录，确认债务人已资不抵债、连续3年亏损或连续停止经营3年以上的，并能认定在最近3年内没有任何业务往来，由社会中介机构进行职业推断和客观评判后出具鉴证证明，认定为损失。

逾期 3 年以上的应收款项，债务人在境外及港、澳、台地区的，经依法催收仍不能收回的，在取得境外中介机构出具的有关证明，或者取得我国驻外使（领）馆或商务机构出具的有关证明后，认定为损失。

对逾期 3 年以上的应收款项，企业为了减少坏账损失而与债务人协商，按一定比例折扣后收回（含收回的实物资产）的，根据企业董事会或者经理（厂长）办公会审议决定（二级及以下企业应有上级母公司的核准文件）和债权债务双方签订的有效协议，以及已收回资金的证明，其折扣部分，认定为损失。

3. 存货损失的认定

存货损失是指有关商品、产成品、半成品、在产品以及各类材料、燃料、包装物、低值易耗品等发生的盘盈、盘亏、变质、毁损、报废、淘汰、被盗等造成的净损失，以及存货成本的高留低转资金挂账等。

（1）盘盈和盘亏的存货

对盘盈和盘亏的存货，扣除责任人赔偿后的差额部分，依据下列证据，认定为损失：存货盘点表；社会中介机构的经济鉴证证明；其他应当提供的材料，包括：存货保管人对于盘盈和盘亏的情况说明；盘盈存货的价值确定依据（相关入库手续、相同相近存货采购发票价格或者其他确定依据）；盘亏存货的价值确定依据；企业内部有关责任认定、责任人赔偿说明和内部核批文件。

（2）报废、毁损的存货

对报废、毁损的存货，将其账面价值扣除残值及保险赔偿或责任人赔偿后的差额部分，依据下列证据，认定为损失：单项或者批量金额较小的存货，由企业内部有关部门出具技术鉴定证明；单项或者批量金额较大的存货，应取得国家有关技术鉴定部门或具有技术鉴定资格的社会中介机构出具的技术鉴定证明；涉及保险索赔的，应当有保险公司理赔情况说明；其他应当提供的材料（企业内部关于存货报废、毁损情况说明及审批文件；残值情况说明；企业内部有关责任认定、责任人赔偿说明和内部核批文件）。

（3）被盗的存货

对被盗的存货，将其账面价值扣除保险理赔以及责任人赔偿后的差额部分，依据以下证据，认定为损失：向公安机关的报案记录；公安机关立案、破案和结案的证明材料；涉及责任人的责任认定及赔偿情况说明；涉及保险索赔的，应有保险公司理赔情况说明。

（4）削价、折价处理的存货

对已削价、折价处理的存货，由企业有关部门说明情况，依据有关会计凭证将原账面价值与已收回价值的差额部分，认定为损失。

4. 待摊费用挂账损失的认定

待摊费用挂账损失的认定，见表3-7。

表3-7　待摊费用挂账损失的认定

项目	主要内容
失去摊销意义的费用项目	企业清查出的已经失去摊销意义的费用项目，由企业作出相关事项说明，经社会中介机构进行职业推断和客观评判后出具经济鉴证证明，认定为损失
长期应摊未摊费用	企业清查出的长期应摊未摊费用，由企业作出难以自行消化的未摊销专项说明，经社会中介机构进行职业推断和客观评判后出具经济鉴证证明，认定为损失
汇兑损失挂账	企业清查出的以前年度由于国家外汇汇率政策调整引起的汇兑损失挂账，由企业作出专项说明，经社会中介机构进行职业推断和客观评判后出具经济鉴证证明，认定为损失
应提未提费用	企业清查出的有关应提未提费用，由企业作出专项说明，经社会中介机构进行职业推断和客观评判后出具经济鉴证证明，认定为损失

5. 投资损失的认定

投资损失是指企业发生的不良股权或者债权投资造成的损失，包括长期投资损失和短期投资损失。对清查出的不良投资，企业要逐项进行原因分析，对有合法证据证明不能收回的，认定为损失。

（1）被投资单位消失

被投资单位已破产、清算、被撤销、关闭或被注销、吊销工商登记等，造成难以收回的不良投资，依据下列证据，认定为损失：法院的破产公告或者破产清算的清偿文件；市场监管部门的注销、吊销文件；政府部门的有关行政决定文件。对已经清算的，扣除清算财产清偿后的差额部分，认定为损失。尚未清算的，由社会中介机构经过职业推断和客观评判后出具经济鉴证证明，对被投资单位剩余财产确实不足清偿投资的差额部分，认定为损失。

（2）被投资单位资不抵债

对企业有关参股投资项目金额较小，确认被投资单位已资不抵债、连续经营亏损3年以上或连续停止经营3年以上的，由社会中介机构进行职业推断和客观评判后出具经济鉴证证明，对确实不能收回的部分，认定为损失。

6. 固定资产损失的认定

固定资产损失是指企业房屋建筑物、机器设备、运输设备、工具器具等发生的盘盈、盘亏、淘汰、毁损、报废、丢失、被盗等造成的净损失。

（1）盘盈的固定资产

对盘盈的固定资产，依据下列证据，确认为固定资产盘盈入账：固定资产盘点表；使用保管人对于盘盈情况的说明材料；盘盈固定资产的价值确定依据（同类固定资产的市场价格、类似资产的购买合同、发票或竣工决算资料）；单项或批量数额较大固定资产的盘盈，企业难以取得价值确认依据的，应当委托社会中介机构进行估价，出具估价报告。

（2）盘亏的固定资产

对盘亏的固定资产，将其账面净值扣除责任人赔偿后的差额部分，依据下列证据，认定为损失：固定资产盘点表；盘亏情况说明（单项或批量金额较大的固定资产盘亏，企业要逐项作出专项说明，由社会中介机构进行职业推断和客观评判后出具经济鉴证证明）；社会中介机构的经济鉴证证明；企业内部有关责任认定和内部核准文件等。

（3）报废、毁损的固定资产

报废、毁损的固定资产，将其账面净值扣除残值、保险赔偿和责任人赔偿后的差额部分，依据下列证据，认定为损失：企业内部有关部门出具的鉴定证明；单项或批量金额较大的固定资产报废、毁损，由企业作出专项说明，应当委托有技术鉴定资格的机构进行鉴定，出具鉴定证明；不可抗力原因（自然灾害、意外事故）造成固定资产毁损、报废的，应当有相关职能部门出具的鉴定报告。如消防部门出具的受灾证明；公安部门出具的事故现场处理报告、车辆报损证明；房管部门的房屋拆除证明；锅炉、电梯等安检部门的检验报告等。

企业固定资产报废、毁损情况说明及内部核批文件；涉及保险索赔的，应当有保险理赔情况说明。

（4）被盗的固定资产

对被盗的固定资产，将其账面净值扣除责任人的赔偿和保险理赔后的差额部分，依据下列证据，认定为损失：向公安机关的报案记录；公安机关立案、破案和结案的证明材料；企业内部有关责任认定、责任人赔偿说明和内部核批文件；涉及保险索赔的，应当有保险理赔情况说明。

7. 在建工程损失和工程物资损失的认定

在建工程损失和工程物资损失是指企业已经发生的因停建、废弃和报废、拆除的在建工程项目造成的损失，以及因此而引起的相应工程物资报废或者削价处理等发生的损失。

（1）停建、拆除的在建工程

因停建、废弃和报废、拆除的在建工程，将其账面投资扣除残值后的差额部分，依据下列证据，认定为损失：国家明令停建项目的文件；规划等有关政府部门出具的工程停建、拆除通知文件；企业对报废、废弃的在建工程项目出具的鉴定意见和原因说明及核批文件；单项数额较大的在建工程报废，应当有行业专家参与的技术鉴定意见；工程项目实际投入的价值确定依据。

（2）毁损的在建工程

由于自然灾害和意外事故毁损的在建工程，将其账面投资扣除残值、保险赔偿及责任赔偿后的差额部分，依据下列证据，认定为损失：有关自然灾害或者意外事故证明；涉及保险索赔的，应当有保险理赔情况说明；企业内部有关责任认定、责任人赔偿说明和核准文件。

（3）工程物资

工程物资发生损失的，比照存货损失的认定要求，进行损失认定。

8. 无形资产损失的认定

无形资产损失是指某项无形资产已经被其他新技术所代替或已经超过了法律

保护的期限，已经丧失了使用价值和转让价值，不能给企业再带来经济利益，而使该无形资产成为无效资产，其账面尚未摊销的余额，形成无形资产损失。

企业清查出的无形资产损失，依据有关技术部门提供的鉴定材料，或者已经超过了法律保护的期限证明文件，将尚未摊销的无形资产账面余额，认定为损失。

9. 其他资产损失的认定

企业或有负债（包括担保、抵押、委托贷款等行为造成的损失）成为事实负债后，对无法追回的债权，分别按有关资产损失认定要求，进行损失认定。

（1）担保损失

对外提供担保损失。被担保人由于不能按期偿还债务，本企业承担了担保连带还款责任，经清查和追索，被担保人无偿还能力，对无法追回的，比照坏账损失的认定要求，进行损失认定。

（2）抵押损失

由于企业没能按期赎回抵押资产，使抵押资产被拍卖或变卖，其账面价值与拍卖或变卖价值的差额部分，依据拍卖或变卖证明，认定为损失。

（3）委托贷款损失

企业委托金融机构向其他单位贷出的款项，对贷款单位不能按期偿还的，比照本规则投资损失的认定要求，进行损失认定。

（4）国家特准储备物资发生损失的，按有关规定的审批程序另行报批

企业应按照《会计档案管理办法》的规定，妥善保管清产核资工作档案，清产核资各种工作底稿、各项资产损失认定证明和会计基础材料，应分类装订成册，按规定期限保存。

三、资金核实与完善制度

（一）资金核实

资金核实，是指国有资产监督管理机构重新核定企业实际占用国有资本金数额。国有资产监督管理机构是资金核实的主体，企业实际占用国有资本金数额是资金核实的对象。

1. 资金核实的依据

资金核实的依据是企业清产核资工作的结果。包括：

①企业上报的资产盘盈结果。

②企业上报的资产损失结果。

③企业上报的资金挂账结果。

④审核并批复准予账务处理的结论，即依据国家清产核资政策和有关财务会计制度规定，组织进行审核并批复准予账务处理的结论。

2. 资金核实的内容

（1）审核上报内容

国有资产监督管理机构在收到企业报送的清产核资报告后，按照国家有关清产核资政策、国家现行的财务会计制度及相关规定，对上报材料的内容进行审核。

清产核资结果上报材料包括清产核资工作报告、清产核资报表、专项财务审计报告及有关备查材料。属于国有控股企业的应向国有资产监督管理机构附报董事会或者股东会相关决议。

①审核企业清产核资工作报告。包括：企业清产核资基本情况简介；清产核资工作结果；对清产核资暴露出来的企业资产，财务管理中存在的问题、原因进行分析并提出改进措施；企业对清查出的各项资产盘盈（包括账外资产）、资产损失和资金挂账等的具体处理意见。

②审核企业清产核资报表。企业清产核资报表应包括企业总部及所属全部子企业的资产状况，以反映企业总体经营实力，并采取合并方式编制。企业所属子企业的清产核资报表以送电子文档格式附报。

③审核专项财务审计报告。专项财务审计报告由社会中介机构出具，主要内容包括：清产核资范围及内容；清产核资行为依据及法律依据；清产核资组织实施情况；清产核资审核意见；社会中介机构认为需要专项说明的重大事项；报告使用范围说明等。另外，还应当附申报资产损失分项明细表；资产损失申报核销项目说明及相关工作材料等。

④审核证明材料。企业提交的各项资产损失、资金挂账的原始凭证资料及具有法律效力证明材料的复印件，如材料较多应单独汇编成册，编注页码，列出目

录。清产核资企业及相关社会中介机构要对所提供证明材料的复印件与原件的一致性负责。

（2）提出处理意见

对企业上报的各项资产损失、资金挂账有充分证据的，国有资产监督管理机构在清产核资企业申报的处理意见及社会中介机构的专项财务审计意见基础上，依据企业的承受能力等实际情况，提出相应的损失挂账处理意见。企业有消化能力的应以企业自行消化为主，企业确无消化能力的可按相关规定冲减所有者权益。

（3）做出补报决定

对确实因客观原因在企业申报清产核资资金核实结果时，相关资产损失、资金挂账的证据不够充分，国有资产监督管理机构无法审定核准的，企业经同意可继续收集证据，在不超过一年的时间内另行补报（1次）。

（二）完善制度

企业在清产核资的基础上，应当针对清产核资工作中暴露出来的资产及财务管理等方面问题，对资产盘盈、资产损失和资金挂账等形成原因进行认真分析，分清管理责任，提出相关整改措施，巩固清产核资工作成果，防止前清后乱。

第三节　国有资产统计分类与国有资本金效绩评价

一、国有资产统计分类、报表和年度报告

（一）国有资本金统计分类

为规范国有资本金统计分析工作，建立科学和统一的分类标准，深入开发国有资产年报数据，根据国家标准《国民经济行业分类与代码》，对全国国有资本金统计分类有如下规定。

1. 基本分类

以国家标准《国民经济行业分类与代码》的基本分类为依据，国有资本金统计分为7类。

（1）按产业结构划分，分为第一产业、第二产业、第三产业

第一产业包括农业、林业、畜牧业、渔业、农林牧渔服务业和水利管理业；

第二产业包括工业、建筑业；

第三产业包括地质勘查业、交通运输业、仓储业、邮电通信业、金融保险业、批发和零售业、贸易和餐饮业、房地产、社会服务业、卫生体育和社会福利业、教育文化艺术及广播电影电视业、科学研究和综合技术服务业、国家机关、政党机关和社会团体。

（2）按产业作用划分，分为基础性行业、一般生产加工行业、商贸服务及其他行业

基础性行业包括采掘业、原材料制造业、电力、煤气及水的生产和供应业、建筑业、交通运输、仓储及邮电通信业；一般生产加工行业包括农林牧渔业、一般加工制造业、建筑业；商贸服务及其他行业包括农林牧渔服务业、批发和零售业、贸易及餐饮业、金融保险业、房地产、社会服务业、卫生体育和社会福利业、教育文化艺术及广播电影电视业、科学研究和综合技术服务业、国家机关、政党机关和社会团体及其他行业。

（3）按产业特征划分，分为垄断性行业、竞争性行业、公益性及其他行业

垄断性行业包括石油工业、烟草工业、航天航空工业、核工业、武器弹药制造业、电力工业、铁路运输业、航空运输业、邮电通信业、金融保险业；竞争性行业包括：煤炭工业、冶金工业、建材工业、化学工业、森林工业、食品工业、船舶工业、纺织工业、石化工业、医药工业、机械工业、电子工业、其他工业、建筑业、公路运输业、水上运输业、管道及其他运输业、仓储业、房地产、批发和零售业、贸易及餐饮业；公益性及其他行业包括农林牧渔服务业、市政公用工业、地质勘查及水利业、社会服务业、卫生体育福利业、教育、文化广播电影电视业、科学研究和综合技术服务业、国家机关、社会团体及其他行业、农林牧渔业。

（4）按产业管理部门划分，分为农牧渔业、林业、工业、建筑业、地质勘查及水利业、交通运输业、邮电通信业、贸易及餐饮业、金融保险业、房地产业和社会服务业

工业产业包括煤炭工业、石油工业、冶金工业、建材工业、化学工业、森林工业、食品工业、烟草工业、纺织工业、石化工业、医药工业、机械工业、军工工业、电子工业、电力工业、市政公用工业及其他工业；贸易及餐饮业包括内贸、外贸、粮油、餐饮。

（5）按具体行业划分

其中，大类包括：农林牧渔业；采矿业；制造业；电力、燃气及水的生产和供应业；建筑业；交通运输、仓储和邮政业；信息传输、计算机服务和软件业；批发和零售业；住宿和餐饮业；金融业；房地产；租赁和商务服务业；科学研究、技术服务和地质勘查业；水利、环境和公共设施管理业；居民服务和其他服务业；教育；卫生、社会保障和社会福利业；文化、体育和娱乐业；公共管理和社会组织；国际组织。

（6）按经济带划分

分为东部沿海地区、中部内陆地区、西部边远地区。

（7）按行政区域划分

分为华北、东北、华东、中南、西南和西北地区。

2. 适用范围

国有资本金统计分类适用于以下用途：

①国有资本金年报数据、季报数据、月报数据的汇总和分析。

②集体资本金年报数据、季报数据、月报数据的汇总和分析。

③清产核资数据的汇总和分析。

④根据国有资本金统计数据测算企业效益评价指标标准值和保值增值指标比较系数。

（二）国有资产统计报表的填报单位

为了明确统计报表的填报范围，保证统计资料收集的完整、准确、及时，必

须确定报表的基本填报单位。国有资产统计报表的基本填报单位是国家出资企业。国家出资企业必须具备的条件是：具有独立企业法人资格、独立核算，能编制完整的资产负债表。

按照国有资产统计报告制度的规定，所有经营、占有或使用国有资产的各类国家出资企业，必须按照国家规定的报表格式和报告内容，正式向同级国有资产监督管理机构报送国有资产年度报表和经营（使用）情况报告书。这些单位按其性质划分为：

1. 国有独资企业

即依照《中华人民共和国全民所有制工业企业法》设立的，企业全部注册资本均为国有资本的非公司制企业。按照《中华人民共和国全民所有制工业企业法》的规定，企业财产属于全民所有，国家依照所有权和经营权分离的原则将其授予企业经营管理，企业对国家授予其经营管理的财产享有占有、使用和依法处分的权利。企业内部的治理结构与公司制企业不同：企业的高级管理人员由政府或者履行出资人职责的机构直接任命；政府通过向企业派出监事组成监事会，对企业的财务活动及企业负责人的经营管理行为进行监督。

2. 国有独资公司

即依照公司法设立的，全部注册资本均为国有资本的公司制企业。公司法对国有独资公司做了专门规定：国有独资公司不设股东会，由国有资产监督管理机构行使股东会职权，也可以授权公司董事会行使部分股东会的职权；国有独资公司的公司章程由国有资产监督管理机构制定或者由董事会制定，报国有资产监督管理机构批准；董事会成员、监事会成员都由国有资产监督管理机构委派。

3. 国有资本控股公司

即按照公司法成立的国有资本所有者出资占控股地位的公司，包括有限责任公司和股份有限公司，以及各类合资合作经营企业。这里所称国有资本所有者出资占控股地位与公司法规定的控股是一致的。我国公司法对"控股股东"作了界定，是指其出资额占有限责任公司资本总额50%以上或者其持有的股份占股份有限公司股本总额50%以上的股东（绝对控股）；出资额或者持有股份的比例虽然不足 50%，但依其出资额或者持有的股份享有的表决权足以对股东会、股东大会的决议产生重大影响的股东（相对控股）。

4. 国有参股企业

指国家或国家出资企业作为出资人之一，国有投资份额占其资本 10% 以上（含 10%），但不具有支配地位或控制作用的各类股份有限公司和有限责任公司，以及各类合资合作经营企业。

5. 其他拥有国有投资的企业、单位

主要指：经产权界定国有资产占资本份额 10% 以下的集体企业、单位；国家或国家出资企业开办的各类境外企业、机构。

（三）国有资产年度报表分类

1. 境内企业报表和境外企业报表

按国有资产的分布地域划分，经营性国有资产年度报表可以分为境内企业报表和境外企业报表两大类。

（1）境内企业报表

境内企业报表是指所有在中华人民共和国境内从事生产经营的国家出资企业必须填报的国有资产年度报表，包括以下两类企业。

企业类资产年度报表，由以下企业填报：除金融、保险类企业以外的境内国家出资企业，包括工业、农业、商业、施工、交通、邮电、饮服、文教卫生、新闻出版企业；金融、保险类企业所属的非金融、保险类企业。

金融、保险类企业资产年度报表，由以下企业填报：银行，包括中央银行、政策性银行、商业银行、合作银行等；保险机构，包括各类国有保险公司或机构；非银行金融机构，包括担保公司、证券公司、信托投资公司、财务公司、租赁公司、信用社、典当行等。金融、保险类企业与非金融、保险类企业分别报表的原因在于金融企业具有特殊性。由于金融企业的资产形成了非金融企业的负债，这样在汇总计算全部国有资产总量时，就需要对金融企业与非金融企业之间的资产额和负债额进行抵扣，以便合并计算出国家出资企业的资产总额、负债总额和所有者权益总额。

（2）境外企业报表

境外企业资产报表由国家投资控股或参股企业的各类境外企业填报，但各地区、各部门和境内企业在境外设立的非独立核算性质的分公司、经理部、办事处、项目组等只填报境外企业报表的附表。

2. 主体报表和辅助报表

按报表的指标内容划分，国有资产年度报表可以分为主体报表和辅助报表（主表和附表）两类。

主体报表的指标设置围绕国有资产管理工作的重心，重点反映国家出资企业的基本情况、国有资产总量与运营效益状况。

辅助报表作为主体报表的补充，侧重于反映国家出资企业国有资产管理中较为具体的情况，如国有资产保值增值情况及国有股权变动情况等。根据需要，有的行业年度报表不设辅助报表（如建设单位类资产年度报表）。

3. 基本报表、汇总报表和分析报表

按报表在资料收集、汇总程序中的地位和作用划分，国有资产年度报表可以分为汇总报表、基本报表和分析报表三类（见表3-8）。

表3-8　国有资产年度报表的分类

类别	主要内容
汇总报表	由各级年报汇编单位填报，用于反映汇编范围内各个国家出资企业资料经汇总后的综合情况
基本报表	由基本填报单位填报，用于收集国家出资企业的基础数据和原始资料
分析报表	用于对数据资料经分组分类检索后，计算一系列分析研究指标。其固定分析表式和软件由国家国有资产监督管理委员会统计主管机构统一制定下发

（四）国有资产年度报告

1. 国有资产经营情况年度报告

国有资产经营情况年度报告是由国家出资企业编写的关于年度内国有资产经

营状况的总结分析报告。每年年度终了，企业应就国有资产在该经营期间的运营和效益情况向同级国有资产管理机构提交书面报告。报告的主要内容包括：

①企业的资产、负债、所有者权益、国有资产总额及其构成变化。

②企业资产经营效益情况，主要效绩指标和国有资产保值增值指标的完成情况，以及影响经营效益的原因。

③企业所属下级企业、单位的户数，企业对外投资情况分析及所属下级企业产权变动情况，以及在建工程情况分析。

④企业国有资产经营的其他情况。

⑤企业关于提高国有资产经营效益和资产质量的措施和建议。

2. 国有资产使用情况年度报告

国有资产使用情况年度报告是基本建设单位、房产经管单位在每年年终，向同级国有资产监督管理机构报送的本单位占有的国有资产使用情况的书面报告。其主要内容包括：

①资产存量、结构及其变化情况。

②非经营性资产转经营性资产的情况。

③本单位对外投资及所属单位的户数情况。

④本单位应反映的资产质量等其他情况。

国有资产经营情况年度报告和国有资产使用情况年度报告应在国有资产年度报表报送后 3 个月内上报。

二、国有资本金效绩评价

（一）国有资本金效绩评价的意义

在市场经济条件下，政府以国有资产所有者的身份，开展国有资本金效绩评价工作，对转变政府职能，落实出资人到位，促进建立和完善现代企业制度，具有十分重要的意义。

1. 有利于新型政企关系的形成

市场经济条件下，政府作为国有资本的所有者，对其出资兴办和拥有股份的企业行使所有者的职能，但不直接干预企业的经营活动。企业作为独立的法人实体和市场竞争主体，依法自主经营，自负盈亏，照章纳税，要对出资者承担资产的保值增值责任。这是一种符合市场经济体制要求的新型政企关系。开展企业效绩评价工作，可以促进国有资本所有者与经营者形成稳定而有效的制约关系。政府以所有者的身份对企业进行客观、公正、准确的评价，有助于其职能的正确履行和有效发挥，既可以不干预企业的生产经营，又可以实施有效监管，促进政企分开原则的落实。

2. 有利于正确引导和规范企业经营行为

企业的经营行为直接关系所有者的合法权益。建立企业效绩评价制度，定期对国家出资企业的财务效益、管理水平、经营风险、发展能力和经营者业绩等方面进行综合评判，可以促使企业经营者重视国有资本的保值增值，兼顾短期效益和长期利益，既考虑获利能力，又考虑经营风险，采取稳健经营策略，注重市场开拓和持续发展。对企业经营者形成了有效的出资人约束，有助于正确引导和规范企业经营行为。

3. 有利于建立科学的选人用人机制

发展市场经济必须建立一个科学的选人用人机制。政府用市场化手段选择经营者，企业家凭业绩和能力经营企业。开展企业效绩评价，运用科学的定量和定性指标，采用客观的评价标准，对企业经营者的业绩进行评价，实施奖惩和任免，可以在一定程度上避免选人用人的主观随意性。因此，开展企业效绩评价工作，是形成科学的选人用人机制的重要基础，有助于建立高素质的经营者人才队伍。

4. 有利于建立激励和约束机制

风险与报酬、激励与约束，是一个问题的两个方面。在加强激励经营者的同时，要加强监督和约束经营者。其核心环节是对经营管理者的业绩进行科学的考核与评价。企业效绩的评价结果客观综合地反映了企业经营者在一个经营年度的真实业绩和主观努力程度，为确定其收入水平提供了最基本的依据，有助于形成所有者与经营者相互制衡的机制。

（二）国有资本金效绩评价基本指标

国有资本金效绩评价指标体系采取以定量分析为基础，以定性分析为辅助，实行定量分析与定性分析相互校正，以此形成企业效绩评价的综合结论。该指标体系由 3 个层次 4 个方面内容 28 项指标所构成。3 个层次的指标是指企业效绩评价指标体系包括基本指标、修正指标和评议指标；4 个方面内容的指标是指企业效绩评价指标体系设置的指标从企业财务效益状况、资产营运状况、偿债能力状况和发展能力状况对企业进行评价。这里我们只介绍基本指标。

基本指标反映效绩评价内容的基本情况，可以形成企业效绩评价的初步结论。

修正指标是依据企业有关实际情况对基本指标评价结果进行逐一修正，以此形成企业效绩评价的基本定量分析结论。评议指标是对影响企业经营效绩的非定量因素进行判断，以此形成企业效绩评价的定性分析结论。

基本指标是评价企业效绩的核心指标，由 8 项计量指标构成，用以形成企业效绩评价的初步结论。

1. 财务效益状况

企业财务效益状况是企业绩效评价的核心内容，获得良好的经济效益是企业经营活动的基本目标。财务效益也即企业的盈利能力，其基本指标是净资产收益率和总资产报酬率。

（1）净资产收益率

净资产收益率是指企业一定时期内的净利润同平均净资产的比率。净资产收益率充分体现了投资者投入企业的自有资本获取净收益的能力，突出反映了投资与报酬的关系，是评价企业资本经营效益的核心指标。其计算公式为：

$$净资产收益率 = \frac{净利润}{平均净资产} \times 100\%$$

式中：

净利润是指企业未作任何分配的税后利润，受各种政策等其他人为因素影响较少，能够比较客观、综合地反映企业的经济效益，准确体现投资者投入资本的获利能力。

平均净资产是企业年初所有者权益同年末所有者权益的平均数。净资产包括实收资本、资本公积、盈余公积和未分配利润。数值取自企业资产负债表。

$$平均净资产 = \frac{所有者权益年初数 + 所有者权益年末数}{2}$$

净资产收益率是评价企业自有资本及其积累获取报酬水平的最具综合性与代表性的指标，充分反映了企业资本运营的综合效益。该指标通用性强、适用范围广，不受行业局限，是国际上企业综合评价中使用率很高的一个指标。通过对该指标的综合对比分析，可以看出企业获利能力在同行业中所处的地位，以及与同类企业的差异水平。一般认为，该指标数值越高，企业自有资本获取收益的能力越强，运营效益越好，对企业投资人、债权人的利益保证程度就越高。

（2）总资产报酬率

总资产报酬率是指企业在一定时期内获得的报酬总额与平均资产总额的比率。它表示企业包括净资产和负债在内的全部资产的总体获利能力，是评价企业资产运营效益的重要指标。其计算公式为：

$$总资产报酬率 = \frac{利润总额 + 利息支出}{平均资产总额} \times 100\%$$

式中：

利润总额是指企业实现的全部利润，包括企业当年营业利润、投资收益、补贴收入、营业外收支净额等项内容，如为亏损，则以"－"号表示。

利息支出是指企业在生产经营过程中实际支出的借款利息、债券利息等。

利润总额与利息支出之和为息税前利润，是指企业当年实现的全部利润与利息支出的合计数。数据取自企业利润及利润分配表和基本情况表。

平均资产总额是指企业资产总额年初数与年末数的平均值，数据取自企业资产负债表。其计算公式为：

$$平均资产总额 = \frac{资产总额年初数 + 资产总额年末数}{2}$$

总资产报酬率表示企业全部资产获取收益的水平，全面反映了企业的获利能力和投入产出状况。通过对该指标的深入分析，可以增强各方面对企业资产经营的关注，促进企业提高单位资产的收益水平。一般情况下，企业可据此指标与市场资本利率进行比较，如果该指标大于市场利率，则表明企业可以充分利用财务杠杆，进行负债经营，获取尽可能多的收益。该指标数值越高，表明企业投入产出的水平越好，企业的全部资产总体运营效益越高。

2. 资产营运效率

资产营运效率取决于企业资产结构分布、流转速度和利用效率，反映了企业经营管理水平和效率的高低，高效率的资产营运是企业提高经营效益的保障。其基本指标是总资产周转率和流动资产周转率。

（1）总资产周转率

总资产周转率是指企业一定时期主营业务收入净额同平均资产总额的比值。总资产周转率是综合评价企业全部资产经营质量和利用效率的重要指标。其计算公式为：

$$总资产周转率（次） = \frac{主营业务收入净额}{平均资产总额}$$

式中：

主营业务收入净额表示企业当期销售产品、商品、提供劳务等主要经营活动取得的收入减去折扣与折让后的数额。数值取自企业利润及利润分配表。

平均资产总额含义同上。

总资产周转率是考察企业资产营运效率的一项重要指标，体现了企业经营期间全部资产从投入到产出的流转速度，反映了企业全部资产的管理质量和利用效率。

通过该指标的对比分析，可以反映企业本年度及以前年度总资产的营运效率和变化，发现企业与同类企业在资产利用上的差距，促进企业挖掘潜力、积极创收、提高产品市场占有率、提高资产利用效率。一般情况下，该指标数值越高，周转速度越快，销售能力越强，资产利用效率越高。

（2）流动资产周转率

流动资产周转率是指企业一定时期主营业务收入净额同平均流动资产总额的比值。流动资产周转率是评价企业资产利用率的另一主要指标。其计算公式为：

$$流动资产周转率(次) = \frac{主营业务收入净额}{平均流动资产总额}$$

式中：

主营业务收入净额含义同上。

平均流动资产总额是指企业流动资产总额的年初数与年末数的平均值。数值取自企业资产负债表。

$$平均流动资产总额 = \frac{流动资产年初数 + 流动资产年末数}{2}$$

流动资产周转率反映了企业流动资产的周转速度，是从企业全部资产中流动性最强的流动资产角度对企业资产的利用效率进行分析，以进一步揭示影响企业资产质量的主要因素。要实现该指标的良性变动，应以主营业务收入增幅高于流动资产增幅做保证。通过该指标的对比分析，可以促进企业加强内部管理，充分有效地利用流动资产，如降低成本、调动暂时闲置的货币资金用于短期投资创造收益等，还可以促进企业采取措施扩大销售，提高流动资产的综合使用效率。一般情况下，该指标越高，表明企业流动资产周转速度越快，利用越好。在较快的周转速度下，流动资产会相对节约，相当于流动资产投入的增加，在一定程度上增强了企业的盈利能力；而周转速度慢，则需要补充流动资金参加周转，会形成资金浪费，降低企业盈利能力。

3. 偿债能力状况

企业偿债能力反映了企业的财务实力以及投资风险。其基本指标是资产负债率和已获利息倍数。

（1）资产负债率

资产负债率是指企业一定时期负债总额同资产总额的比率。资产负债率表示企业总资产中有多少是通过负债筹集的，该指标是评价企业负债水平的综合指标。其计算公式为：

$$资产负债率 = \frac{负债总额}{资产总额} \times 100\%$$

式中：

负债总额是企业流动负债、长期负债和递延税款等项的总和。少数股东权益不在负债总额中体现。数值取自企业资产负债表。

资产总额是企业拥有的各项资产价值的总和。数值取自企业资产负债表。

资产负债率是衡量企业负债水平及风险程度的重要判断指标。适度的资产负债率既能表明企业投资人、债权人的投资风险较小，又能表明企业经营安全、稳健、有效，具有较强的筹资能力。资产负债率是国际公认的衡量企业债务偿还能力和财务风险的重要指标。保守的经验判断一般认为资产负债率应不高于50%，国际上一般公认60%比较好。如果单纯从偿债能力角度分析，该数值越低越好。

（2）已获利息倍数

已获利息倍数是企业一定期间息税前利润总额与利息支出的比值。该指标充分反映了企业收益对偿付债务利息的保障程度和企业的债务偿还能力。其计算公式为：

$$已获利息倍数 = \frac{息税前利润总额}{利息支出}$$

式中：

息税前利润总额与利息支出的数值取自企业利润及利润分配表。

因企业所处行业不同，已获利息倍数有不同的标准界限。国际上公认的一般利息倍数为3。一般情况下，如该指标大于1，则表明企业负债经营能够赚取高于资金成本的利润，企业可以维持经营；如该指标小于1，则表明企业无力赚取高于资金成本的利润，债务风险很大。

4. 发展能力状况

发展能力是企业长期盈利和资本保值增值能力的基础，历来为企业所有者和债权人重视。其基本指标是销售（营业）增长率和资本积累率。

（1）销售（营业）增长率

销售（营业）增长率是指企业本年主营业务收入增长额同上年主营业务收入总额的比率。该指标反映了企业主营业务收入的增减变动情况，是评价企业成长状况和发展能力的重要指标。其计算公式为：

$$销售（营业）增长率 = \frac{本年主营业务收入增长额}{上年主营业务收入总额} \times 100\%$$

式中：

本年主营业务收入增长额是企业本年主营业务收入总额与上年主营业务收入总额的差额。如本年主营业务收入总额低于上年，则增长额用"–"号表示。数据取自企业利润及利润分配表。

该指标是衡量企业经营状况和市场占有能力、预测企业经营业务拓展趋势的重要标志。不断增加的主营业务收入，是企业生存的基础和发展的条件。若该指标大于0，表明企业本年的主营业务收入有所增长，指标值越高，表明企业市场前景越好；若该指标小于0，则说明产品或服务不适销对路、质次价高，或者售后服务存在问题，产品销售不出去，市场份额萎缩。

（2）资本积累率

资本积累率是指企业本年所有者权益增长额同年初所有者权益的比率。资本积累率表示企业当年资本的积累能力，是评价企业发展潜力的重要指标。其计算公式为：

$$资本积累率 = \frac{本年所有者权益增长额}{年初所有者权益} \times 100\%$$

式中：

本年所有者权益增长额是企业本年所有者权益与上年所有者权益的差额，本年所有者权益增长额等于所有者权益年末数减去年初数。数值取自资产负债表。

资本积累率是企业当年所有者权益总的增长率，反映了企业所有者权益的变动水平；体现了企业资本的积累情况，是企业发展强盛的标志；反映了投资者投入资本的保全性和增长性。该指标数值越高，表明企业的资本积累越多，资本保全性越强，应付风险、持续发展的能力越大。该指标如为负值，表明企业资本受到侵蚀，所有者权益受到损害，应予充分重视。

第四章　国有资产管理之国有资产投入

第一节　国有资本金筹集

一、财政预算资金

我国目前的财政收入形式主要如下（见表4-1）。

表4-1　我国目前的财政收入形式

形式	主要内容
国有资产收益	国有资产收益是国家凭借生产资料所有权而取得的国家出资企业利润上缴、国家出资企业出售产权收入、国家出资企业兼并产权转让收入、股份制企业国家股息红利收入、国有股转让收入等。这些收入是国家参与国家出资企业收入分配和国有资产管理过程中取得的，是国家掌握的集中性资金的一部分，也是国家用于国有资本投入的基本来源之一
税收	税收是国家凭借政治权力，依照法律预先规定的标准，强制、无偿、固定地取得财政资金的一种手段，是我财政收入最主要的形式，也是国有资本投入的主要来源
财政信用	财政信用是一种特殊的财政范畴，它是以政府为债务人，运用信用形式筹集财政资金的一种手段，是国家财政资金来源的重要补充。财政信用的主要形式是发行公债。财政信用是筹集国有资本投入资金的一种辅助形式
其他收入	预算资金筹资方式除以上内容外，还有各专项建设基金收入、行政事业性收费收入、罚没收入、其他收入等

二、银行信贷筹资

在我国，作为国家银行的银行信用，是为社会主义建设筹集资金的重要渠道之一，它通过银行信用活动，对社会资金进行余缺调剂，随着社会主义市场经济的发展，银行在社会融资中的作用将越来越重要。银行信用活动是银行以吸收存款的方式筹集社会闲散资金的过程，它以偿还和付息为条件取得这些资金。银行吸收的存款包括企业存款、财政存款、农村存款、储蓄存款以及外汇存款等。银行的授信活动主要是通过贷款方式进行的，银行根据偿还性原则和择优发放原则对一切需要资金并具备条件的经济组织及个人发放贷款，其贷款性质包括大部分短期周转性贷款以及一部分中长期投资性贷款。我国目前的银行体系及分工情况如下。

（一）中央银行

我国的中央银行是中国人民银行。中国人民银行的主要职能是制定和实施国家的金融政策、掌握货币的发行、控制贷款规模、进行货币信用的调节、代理国库等。中国人民银行虽然不直接从事工商信贷活动，但对专业、商业银行的贷款规模的控制起重要作用。

（二）商业银行

商业银行是以工商业存款为主要业务，以获取利润为经营目标的银行。商业银行在经营上的特点是安全性、盈利性和流动性。商业银行现已成为我国投资资金筹集供应的重要金融机构。

（三）政策性银行

政策性银行是政府出资组建的，从事政府性信贷活动的银行，它不以营利为目的。国家的一些政策性投资活动的资金通过政策性银行提供，其特点是政策性强，条件较优惠。我国已成立的政策性银行包括国家开发银行、中国进出口银行和中国农业发展银行。

（四）其他非银行金融机构

其他非银行金融机构包括信托投资公司、保险公司、信用社等。这些金融机构也在投资资金的供应中起一定的作用。

三、企业自筹

作为投资主体的国家出资企业、集体企业、私营企业、外资企业以及股份制企业和各种联营企业，在按国家有关财政、税收以及财会制度的规定依法纳税和上缴利润，以及必要的补偿后，可以运用自有资金进行投资。企业目前用于投资的自有资金主要包括按规定提取固定资产折旧以及税后利润。另外，事业单位也可以按规定运用预算外资金进行投资。

四、利用外资

（一）利用外资的渠道

利用国外资金安排国有资本投入，是增加国有资产总量的一个途径。从我国目前利用外资的情况看，主要有以下三个渠道。

1. 借用外国资金

即通过各种具体方式，从国外借入各种形式的贷款或吸收资金。其特点是形成债务，借用外国资金要支付利息。其主要包括外国政府贷款、国际金融组织贷款、出口信贷、一般商业银行贷款、向国外发行债券和吸收国外存款等具体方式。

2. 吸收外国直接投资

是一种不发生债权债务关系，不支付利息，而由外国投资者以股息或红利形式分享投资所得利润的利用外资形式。其包括举办合资企业和开发合作企业经营项目，以及允许外商独资开办企业等方式。

3. 国外商业信贷

即将资金的借贷与商品活动结合起来，大部分成为借用外资的变化形式，比如国际补偿贸易、租赁、对外加工装配等。

（二）利用外资的管理

利用外资，旨在补充本国建设资金的不足，促进我国社会主义现代化建设。外资利用得好，有利于经济发展；利用不当，会影响本国的经济发展。必须不断改进利用外资的管理工作，从而进一步提高利用外资的效益。利用外资的主要措施如下：

①根据国家财力可能，合理确定利用外资的总规模。利用外资要以效益为中心，正确处理好数量与效益的关系。一国利用外资的总规模，必须根据国家财力可能，在财政、信贷、物资和外汇综合平衡的基础上妥善安排。正确确定利用外资的适度规模，一般需要考虑偿债能力、配套能力（本国资金、物资协作配套能力的大小及可能性）、消化能力（对引进的技术、设备的掌握能力和管理能力）等诸多因素。

②以优化产业结构为目标，合理引导外资的投向和结构。合理引导外资的投向和结构，要求从国民经济和社会发展的长远战略出发，把吸收的外资用到经济和社会发展最需要的地方，以优化产业结构，提高经济效益。按照国家的产业政策，今后一个时期，应当引导外资主要投向基础设施、基础产业、企业的技术改造和资金技术密集型产业，适当投向金融、商业、旅游、房地产等领域。

③认真权衡比较，选择最有利的利用外资方式。

④加强投资环境建设，创造一个在国际上富有竞争力的投资环境。

五、有价证券市场筹资

有价证券市场筹资方式是指投资主体通过发行有价证券的方式从资金市场上取得投资所需资金的筹资方式。社会主义市场经济需要有完善健全的市场体系作为其运行机制，其中，资金市场是不可缺少的。资金市场按照融资期限和融资项目性质的不同可分为短期资金市场和长期资金市场。长期资金市场主要是有价证券的发行和交易市场，它同时为投资者和筹资者提供投融资的场所。随着资金市场的不断完善和扩大，有价证券市场将成为投资主体筹集投资资金的重要渠道。债券和股票是有价证券市场上最基本的两种筹资工具。

债券是发行主体为筹集资金，而向社会发行的一种到期还本付息的有价证券。股票是股份有限公司为筹集资金而发行的用以证明股东身份及借以取得股利和红利的一种有价证券。投资主体为筹集投资资金可以采用发行股票或债券的方式，但在具体运用时应权衡利弊，慎重行事。一般来说，债券要按期还本付息且收益稳定可靠，对投资者有一定的吸引力，但发行债券一定要注意规模，并努力提高投资项目的经济效益。否则，到期还本付息要承受较大的压力，甚至不得不借新债还旧债或者用自己的家底去偿债，影响正常的生产经营和资金流动。发行股票虽然不存在还本问题，但股东对股份公司的收益率和生产经营状况是十分关心的，一旦股份公司经营上出现重大问题，股票行市就会受到很大影响，股东对股份公司的信任度大大降低，当股份公司为扩大投资再次发行股票时，就很困难了。随着现代企业制度的推行，企业的股份化改造方兴未艾，无论是新建企业投资，还是老企业扩大投资，股票都是必不可少的筹资手段。

第二节　国有资本投入实施管理与监督

一、国有资本投入立项和实施管理

（一）国有资本投入立项管理

国有资本投入立项管理，是指投资项目经过审查批准成立之前的一切管理工作。按照我国的管理程序和规定，国有资本投入立项管理大致包括以下几个环节。

1. 提出项目建议书

项目建议书是由进行建设的企业和主管部门，根据国家经济发展的长远规划、行业规划、产业政策以及社会经济发展的方针等，在调查研究和综合比较的基础上提出来的。国有资本投入的立项应遵循以下原则。

①符合国家发展规划和产业政策。

②符合企业布局和结构调整方向。

③符合企业发展战略与规划。

④突出主业，有利于提高企业核心竞争力。

⑤非主业投资应当符合企业调整、改革方向，不影响主业的发展。

⑥符合企业投资决策程序和管理制度。

国有资产监督管理委员会、国家发展和改革委员会等政府部门按照规定的决策权限，对企业和主管部门提出的项目建议书进行汇总平衡，并按有关规定分别纳入前期工作计划。

2. 进行可行性研究

凡是列入前期工作计划的项目，就可以进行可行性研究的各项工作，包括具体评价项目在技术上和经济上的可行性，并进行不同方案的分析比较。尤其是对拟建项目的一些重要问题，如项目的厂址选择、原材料供应、资金来源、协作配套条件、产品市场、经济效益及社会效益等，要进行深入细致的调查测算。在详细分析论证的基础上，提出项目是否可行和施工建设的方案。据此编写可行性研究报告，为进一步调查研究、编制设计任务书创造条件。

3. 编制设计任务书

设计任务书又称计划任务书，是确定投资项目及建设方案的重要文件，也是进行投资项目工程设计的重要依据。

4. 项目评估

项目评估，是指负责预审的单位请有关技术、经济专家和承办投资贷款的银行，共同参加项目预审，并由承办投资贷款的银行咨询机构或由计划部门委托有关的咨询机构进行项目评估。对项目可行性研究报告和编制的设计任务书，进行全面细致的检查、计算和核实，编写出项目评估报告，为投资项目最后决策进一步提供可靠的科学依据。

5. 项目审批

在上述工作完结后，有关决策部门应对可行性研究报告和设计任务书及评估报告等文件进一步加以审核，如果项目是可行的，即可批准。设计任务书一经批准，就算立项。在审查批准拟建项目工作中，我国目前实行的是分级审批制度。

目前，除了关系国家经济和社会生活的大型投资项目和特大型项目，需要国家直接控制以外，一般性的中小项目的投资立项和项目审批权都下放给地方和企业等投资主体。实行谁投资谁决策，谁承担风险谁受益。国家只用税收、利率等经济手段对投资方向、投资结构、投资规模等宏观方面的问题予以间接调控。这样有利于在加强宏观控制的同时，调动各方面管理投资的积极性，便于各级地方和主管部门因地制宜地安排一些部门和地区短缺和急需的项目，解决生产建设中的具体问题，也有利于减少审批环节，使一些市场急需的小项目尽快得到批准建设。

（二）国有资本投入实施管理

国有资本投入项目经审查批准后，即进入实施阶段。投资项目实施，就是进行工程设计、施工、竣工验收等项工作，将项目的设计和计划等文件付诸实践，将货币形式的资金转化为一定的物质要素，并投入建设，最终形成具有某种使用价值的固定资产的过程。国有资本投入实施管理主要包括以下内容。

1. 投资计划的编制

国有资本投入是全国固定资产投资的重要组成部分，国有资本投入计划也是全国固定资产投资计划的组成部分。国有资本投入计划所确定的主要指标：一是分地区、分部门的固定资产投资额；二是项目计划；三是基本建设新增生产能力计划；四是基本建设新增固定资产计划。

固定资产投资计划包括中长期计划（如十年计划、五年计划等）和年度计划两种。投资年度计划是根据中长期计划所规定的计划年度的任务而制订的执行计划。按照"统一计划，分级管理"的计划管理体制，年度投资计划的编制采取上下结合和条块结合的方法。

2. 投资项目实施过程中的组织管理

（1）施工准备管理

投资项目列入国家年度投资计划，即可进行施工的各项准备工作。施工准备是由建设单位或由建设单位委托的有关单位组织实施的。在施工准备阶段要做好以下几个方面的工作。

①确定施工单位及组织机构。运用市场机制采用招标投标，通过竞争择优选

定施工单位。

②熟悉会审图纸。

③编制施工组织设计。

④调运和储备好材料、构件。

⑤组织工业设备的配套供应和预验。

⑥施工机具的集中和维修。

⑦施工力量的集结及培训。

⑧其他现场具体准备工作。

（2）施工管理

施工准备就绪，就进入了施工阶段。施工管理的主要内容是按照施工进度计划进行施工。要求按照合同规定的工期，按质、低成本地完成施工工程，保证项目按期投产和交付使用。在组织施工过程中，要遵循"百年大计，质量第一"的原则，处理好质量、工期之间的关系。

（3）竣工验收管理

竣工验收是工程项目的最后一个程序，它是工程项目由建设阶段转入生产使用的一个标志。为了保证工程项目的竣工验收的质量，竣工验收的组织工作，要根据国家和主管部门的有关规定进行，根据国家和有关部门规定的竣工验收标准和依据，对属于竣工验收范围内的工程进行验收。

（三）基本建设工程招标承包制

基本建设工程招标承包制，就是由若干施工单位参与工程投标，由招标单位（建设单位）择优确定施工单位，由承建单位与发包单位签订合同，按一包到底、按期交钥匙的方式组织建设的制度。

基本建设工程招标承包制，是 20 世纪 80 年代我国建筑业和基本建设管理体制改革过程中产生的一种经济责任制形式。基本建设工程招标承包制的实行，冲破了长期存在的按行政隶属关系层层分配任务、指派施工单位的做法，把各地区、各部门、各种经济成分的建设企业完全置于竞争中。谁的工期短、造价低、信誉好、质量高，就把工程任务包给谁。由于有选择、有比较、有竞争，招标承包制促进了承包单位加强经营管理，推动了技术进步。

基本建设工程招标承包制的组织程序和工作环节主要有以下几个方面。

1. 编制招标文件

建设单位在招标申请批准后，需要编制招标文件。其主要内容包括工程综合说明（工程范围、项目工期、质量等级和技术要求等）、施工图说明、实物工程量清单、材料供应方式、工程价款结算办法、对工程材料的特殊要求、踏勘现场日期等。

2. 确定标底

由建设单位组织专业人员按施工图纸并结合现场实际，匡算出工程造价和单项费用。标底一经确定，需严格保密，任何人不得泄露。招标单位不掌握和熟悉编制标底业务的，一般应委托设计单位帮助代编。标底不能高于项目批准的投资总额。

3. 进行招标投标

对于标函内容比较明确的一般性工程，评标、决标工作可以在开标会上结合进行。由评标小组进行评议，对一些不够清楚的问题，请投标人当场做出合乎事实的说明。评标小组根据标底同标函比较，决出中标单位，当众宣布，并由公证单位鉴证认可。

4. 签订工程承包合同

投标人按中标函规定的内容，与招标人签订包干合同。合同签订后由有关方面监督执行，可以将合同经当地公证单位公证，受法律监督，也可以由建设主管部门等进行行政监督。

二、国有资本投入监督

（一）中央企业投资活动

企业是投资活动的主体，企业必须制定并执行投资决策程序和管理制度，建立健全相应的管理机构，并报国资委备案。中央企业，是指国务院国有资产监督管理委员会履行出资人职责的企业。中央企业投资主要包括企业在境内的下列投资活动。

1. 固定资产投资

固定资产投资是建造和购置固定资产的经济活动，即固定资产再生产活动。固定资产再生产过程包括固定资产更新（局部和全部更新）、改建、扩建、新建等活动。新的企业财务会计制度规定：固定资产局部更新的大修理作为日常生产活动的一部分，发生的大修理费用直接在成本中列支。

按照现行投资管理体制及有关部门的规定：凡属于大修理、养护、维护性质的工程（如设备大修、建筑物的翻修和加固、农田水利工程和堤防、水库、铁路大修等）都不纳入固定资产投资管理，也不作为固定资产投资统计。

固定资产投资是社会固定资产再生产的主要手段。通过建造和购置固定资产的活动，国民经济不断采用先进技术装备，建立新兴部门，进一步调整经济结构和生产力的地区分布，增强经济实力，为改善人民物质文化生活创造物质条件。这对我国的社会主义现代化建设具有重要意义。

固定资产投资额是以货币表现的建造和购置固定资产活动的工作量，它是反映固定资产投资规模、速度、比例关系和使用方向的综合性指标。

2. 产权收购

产权收购是指具有法人资格的经济组织，通过以现金方式购买被其他企业或以承担其他企业的全部债权债务等为前提，取得其他企业全部产权，剥夺其他企业法人资格的交易行为。产权收购，是企业经营管理体制改革的重大进展，对促进企业加强经营管理，提高经济效益，有效配置社会资源具有重要意义。

3. 长期股权投资

长期股权投资是指通过投资取得被投资单位的股份。企业对其他单位的股权投资，通常是为长期持有，以及通过股权投资达到控制被投资单位，或对被投资单位施加重大影响，或为了与被投资单位建立密切关系，以分散经营风险。

（1）长期股权投资的方式

①在证券市场上以货币资金购买其他企业的股票，以成为被投资单位的

股东。

②以资产（包括货币资金、无形资产和其他实物资产）投资于其他单位，从而成为被投资单位的股东。我国《中华人民共和国公司法》规定，公司向其他有限责任公司、股份有限公司投资的，除国务院规定的投资公司和控股公司外，所累计投资额不得超过本公司净资产的 50%，在投资后，接受被投资公司以利润转增的资本，其增加额不包括在内。

（2）长期股权投资的类型

长期股权投资依据对被投资单位产生的影响，分为以下 4 种类型。

①控制。是指有权决定一个企业的财务和经营政策，并能据以从该企业的经营活动中获取利益。被投资单位为本企业的子公司。

②共同控制。是指按合同约定对某项经济活动所共有的控制。被投资单位为本企业的合营企业。

③重大影响。是指对一个企业的财务和经营政策有参与决策的权力，但并不决定这些政策。被投资单位为本企业的联营企业。

④无控制、无共同控制且无重大影响。在活跃市场中没有报价，公允价值不能可靠计量的权益性投资。

（3）长期股权投资的特点

①长期持有。长期股权投资目的是为长期持有被投资单位的股份，成为被投资单位的股东，并通过所持有的股份，对被投资单位实施控制或施加重大影响，或为了改善和巩固贸易关系，或持有不易变现的长期股权投资等。

②获取经济利益，并承担相应的风险。长期股权投资的最终目标是获得较大的经济利益，这种经济利益可以通过分得利润或股利获取，也可以通过其他方式取得，如被投资单位生产的产品为投资企业生产所需的原材料，在市场上这种原材料的价格波动较大，且不能保证供应。在这种情况下，投资企业通过所持股份，达到控制或对被投资单位施加重大影响，使其生产所需的原材料能够直接从被投资单位取得，而且价格比较稳定，保证其生产经营的顺利进行。但是，如果被投资单位经营状况不佳，或者进行破产清算时，投资企业作为股东，也需要承担相应的投资损失。

③不能随时出售。除股票投资外，长期股权投资通常不能随时出售。投资企业一旦成为被投资单位的股东，依所持股份份额享有股东的权利并承担相应的义务，一般情况下不能随意抽回投资。

④投资风险较大。长期股权投资相对于长期债权投资而言，投资风险较大。

（二）企业投资活动和投资监督的原则

国资委依法对企业投资活动进行监督管理，指导企业建立健全投资决策程序和管理制度。企业投资活动和国资委对企业投资活动的监督管理应当遵循以下原则。

①符合国家发展规划和产业政策。

②符合企业布局和结构调整方向。

③符合企业发展战略与规划。

④突出主业，有利于提高企业核心竞争能力。主业是指由企业发展战略和规划确定的并经国资委确认公布的主要经营业务。

⑤非主业投资应当符合企业调整、改革方向，不影响主业的发展。非主业是指主业以外的其他经营业务。

⑥符合企业投资决策程序和管理制度。

⑦投资规模应当与企业资产经营规模、资产负债水平和实际筹资能力相适应。

⑧充分进行科学论证，预期投资收益应不低于国内同行业同期平均水平。

（三）企业投资管理制度

企业应当制定投资决策程序和管理制度，明确相应的管理机构，并报国资委备案。企业投资管理制度主要包括下列内容。

①企业负责投资管理机构的名称、职责、管理构架及相应的权限。

②投资活动所遵循的原则、决策程序和相应的定量管理指标。

③项目可行性研究和论证工作的管理。

④项目组织实施中的招投标管理、工程建设监督管理体系与实施过程的

管理。

　　⑤产权收购和股权投资项目实施与过程的管理。

　　⑥项目后评价工作体系建设与实施的管理。

　　⑦投资风险管理，重点是法律、财务方面的风险防范与重大投资活动可能出现问题的处理预案。

　　⑧责任追究制度。国资委对企业投资决策程序与管理制度中存在的问题，应当及时与企业进行沟通并给予指导完善。

（四）企业投资定量管理指标

　　企业投资活动应结合企业实际情况研究提出相应的定量管理指标，纳入企业投资管理制度。定量管理指标应当主要包括下列内容。

　　①企业发展规划期内非主业资产规模占企业总资产合理比重和年度投资中非主业投资占总投资的合理比重的内控指标。

　　②企业发展规划期内资产负债率的控制指标。

　　③企业内部投资收益率的控制指标。

　　④发展规划期内各类投资活动中自有资金的合理比重。

　　⑤发展规划期内各年度新开工项目投资额占总投资的合理比重。

　　上述①②两项指标由企业在发展规划中提出，经国资委审核确认后作为国资委对企业投资活动监督管理的基础指标。其余3项指标作为国资委监管企业投资活动的参考指标。企业可根据本企业实际情况，增加相应的定量管理指标。

（五）企业年度投资计划和分析材料

1. 企业年度投资计划

　　国有控股公司和其他类型的企业，应按照规定向国资委报送企业年度投资计划。企业年度投资计划应当依据其发展战略和规划编制。编制报送的年度投资计划应附有详细的文字说明材料，并于当年1月31日前报送国资委。企业在年度投资计划外追加项目，应当及时将有关情况报告国资委，国资委按规定进行管理。企业的主要投资活动应当纳入年度投资计划。企业年度投资计划中的投资项目是指按照企业投资管理制度规定由董事会或总经理办公会议研究决定的投资项目（包括子企业投资项目）。企业年度投资计划应当主要包括下列内容。

①总投资规模、资金来源与构成。

②主业与非主业投资规模。

③投资项目基本情况（包括项目内容、投资额、资金构成、投资预期收益、实施年限等）。

2. 投资计划完成情况和分析材料

企业应当按照规定和国资委有关通知，按时报送年度投资计划完成情况和分析材料。年度投资计划完成情况和分析材料主要包括下列内容。

①投资完成情况。

②对存在的问题、经验与教训的综合分析。

③部分重点企业按季度报送完成情况并附简要分析材料。

国资委对企业投资完成情况进行统计分析，并根据工作需要将有关分析材料反馈给企业。

（六）分类监督管理和指导

1. 分类监督管理

（1）备案管理

备案管理按建立董事会的情况区分为两种。

第一，国有独资公司的投资项目备案管理。对建立规范董事会的国有独资公司，国资委对投资项目实行备案管理。对实行备案管理的企业投资项目，除对存在的问题进行提示外，一般不再回复。国资委自收到备案的投资项目材料20个工作日内未予回复的视为备案通过。

第二，国有独资企业、国有独资公司的主业投资项目备案管理。未建立规范董事会的国有独资企业、国有独资公司，国资委依据企业年度投资计划对主业投资项目实行备案管理。

（2）审核管理

对实行审核管理的企业非主业投资项目，国资委在20个工作日内做出审核决定，并给予书面回复。回复一般分为下列 3 种方式。

①通过。

②提示。对存在问题的项目，要求企业予以纠正或制定相应的风险防范措施。

③否决。对存在严重问题的项目予以否决。

2. 指导企业年度投资计划的编制

国资委对企业年度投资计划的编制进行以下指导。

①指导企业在年度投资计划编制中贯彻国家有关方针政策，并依据宏观经济形势和市场变化提出具体要求。

②指导企业做好年度投资计划与发展规划的衔接工作。

③指导企业做好年度投资计划与企业财务预算有关指标的衔接工作。

（七）　重大事项报告制度

企业对以下重大投资事项应当及时向国资委报告。

1. 国务院批准的项目

按国家现行投资管理规定，需由国务院批准的投资项目，或者需由国务院有关部门批（核）准的投资项目，企业应当在上报国务院或国务院有关部门的同时，将其有关文件抄送国资委。

2. 重新履行决策程序的项目

企业投资项目实施过程中出现下列情形的，应当重新履行投资决策程序，并将决策意见及时书面报告国资委。

（1）对投资额、资金来源及构成进行重大调整，致使企业负债过高，超出企业承受能力或影响企业正常发展的。

（2）股权结构发生重大变化，导致企业控制权转移的。

（3）投资合作方严重违约，损害出资人权益的。

第五章　国有资产管理之国有资产运营与收益

第一节　企业集团产权管理

一、企业集团国有资产管理

（一）企业集团与非企业集团国有资产管理的区别

企业集团的国有资产管理，是指国有资产所有者对多元产权管理主体、多种资产经营内容、多种资产组织形式、较大资产经营规模（多个行业区域）、多层次国有资产产权关系的管理。非企业集团的国有资产管理，是指国有资产所有者对单一产权管理主体、单一资产经营内容、单一资产组织形式、较小资产经营规模（单一行业区域）、单一国有资产产权关系的管理。企业集团与非企业集团国有资产管理的区别，具体表现为以下 5 个方面。

1. 产权管理主体不同

产权管理主体是指对企业资产可以直接行使所有者管理职能的经济利益主体。非企业集团的国有资产产权管理主体是单一的。也就是说，由于国家是单一投资主体，因而其产权管理主体也是受国务院委托行使国有资产管理职能的、单一的国有资产管理机构。

企业集团产权管理主体是多元的。由于投资主体的多元化，企业集团的国有资产产权管理主体，也是多元的。对于集团公司而言，国有资产监督管理机构是直接的产权管理主体；对于子公司而言，作为法人投资主体的集团公司是产权管理主体；对于"孙"公司而言，子公司是产权管理主体。

2. 资产经营内容不同

非企业集团的资产经营，是以提供商品和劳务为主要内容的资产经营；企业集团的资产经营，则不仅包括提供商品和劳务，还包括产权经营的内容。企业集团的核心企业甚至可以主要从事产权经营活动。

3. 资产组织形式不同

非企业集团的资产组织形式，是以单一国家出资企业为特征的；企业集团的资产组织形式，则是以多层次法人企业、多元投资主体为特征的。

4. 资产经营规模不同

非企业集团的资产经营规模，一般要小于企业集团的资产经营规模，而且其经营活动主要限于某一特定行业或领域。企业集团的资产经营规模，一般要大于非企业集团的资产经营规模，并且其经营活动往往分布于多种行业和多个领域。

5. 产权关系不同

非企业集团的产权关系是直接的、单一层次的，国家作为企业资产的所有者，与企业之间是所有权和经营权的关系；企业集团则不同，企业集团的产权关系是间接的、多层次的，母公司是子公司的投资者，子公司是"孙"公司的投资者，还有以参股形式投资形成的企业。因此，国有资产是由不同层次国有法人投资形成的，也就出现了一级间接国有资产、二级间接国有资产、三级间接国有资产等。由此形成了多层次的国有资产产权关系。

（二）企业集团国有资产管理的原则

企业集团国有资产管理应当坚持以下原则。

1. 产权纽带为主，生产经营纽带为辅原则

建立以资本为主要纽带的公司体制，使企业集团各个层次的企业形成利益共同体，不断壮大企业集团的经济实力。

2. 规模经济原则

企业集团国有资产管理，应当有利于生产要素的合理流动和资源的优化配置，连接和带动一批企业的发展，形成规模经济，增强市场竞争力。

3. 提高效益原则

建立国有资产经营责任制，提高国有资产的运营效率和效益，确保国有资产的保值增值。

4. 政企分开、政资分开原则

转变政府职能，增强国家宏观调控能力，促进跨地区、跨行业、跨所有制和跨国经营的企业集团的发展。

5. 核心企业对紧密层企业实行"六统一"原则

①统一发展战略和发展规划。企业集团的发展规划和年度计划，由集团核心企业统一上报政府发展改革委员会。

②统一承包。实行承包经营的企业集团，由集团的核心企业统一承包，然后再由紧密层企业对核心企业承包。

③统一借贷和还款。重大基本建设和技术改造项目的贷款，由集团的核心企业对银行统贷统还。

④统一对外。进出口贸易和相关商务活动，由集团的核心企业统一对外。

⑤统一对国有资产监督管理机构负责。紧密层企业中，国有资产的保值增值和资产交易，由集团的核心企业统一向国有资产监督管理机构负责。

⑥统一任免高级管理人员。紧密层企业的领导干部，由集团的核心企业统一任免。

（三）企业集团国有资产管理的规定

国家关于企业集团国有资产管理的具体规定，主要包括以下 6 个方面的内容。

1. 加强财务管理和财务监督

在组建企业集团的过程中，凡是涉及国有资产的转移、估价等事项，须经企业集团的成员单位、同级财政部门和国有资产监督管理机构，按有关规定共同审查、签证。

2. 财务隶属关系统一

企业集团的核心企业和紧密层企业应当实行财务隶属关系统一，即各个成员企业独立核算，汇总成统一的财务计划。

3. 实行税利分流、税后还贷、税后承包

（1）税利分流

税利分流，是指对国有企业实现利润分别以所得税形式和利润形式上缴国家一部分，其余部分留给企业进行利润分配的一种办法。具体做法是对所有盈利的国有企业一律按25%的税率依法征收企业所得税，依率计征，严格控制减免税，不搞所得税承包，确保国家财政收入。

（2）税后还贷

税后还贷通常指的是企业使用缴纳所得税后的净利润来偿还固定资产投资借款。根据现行的会计准则和相关财务制度，企业应首先依法计算并缴纳所得税，然后使用税后利润进行债务的偿还。这一做法有助于确保国家的税收收入，同时合理安排企业的财务结构和资金使用。然而，具体操作细节可能会根据不同的法规、政策以及企业的实际情况有所差异。在实际操作中，企业应遵循财政部及其他相关部门发布的最新规定和指导性文件，确保合规性。

（3）税后承包

税后承包，是指在现有的承包基础上，把税利不分、统一承包改为按章纳税、税后利润承包，即实行所得税后上交承包利润。

4. 统一承包

实行承包经营责任制的企业集团的核心企业和紧密层企业，如果财务隶属关系一致，可以由核心企业统一对财政部门承包，紧密层企业再对核心企业承包。财务隶属关系暂不能一致的，应当按照各自的财务隶属关系和现行财务体制执行。

5. 统借统还

固定资产投资借款实行统借统还。企业集团的核心企业和紧密层企业的固定资产投资借款，应当逐步实行统借统还。核心企业按照企业集团的发展规划，统一向银行申请的重大基建、技改项目借款，可以由核心企业统一归还，但还本付息的资金由用款单位支付；如果还本付息的资金由核心企业支付，应当相应作为核心企业对紧密层企业的投资入股。

6. 可以建立财务公司

企业集团可以建立财务公司。中国人民银行自1987年起先后批准17家企业集团试办财务公司。试点情况表明，财务公司的设立对搞活企业集团内部资金融通、促进产业结构调整、增强企业集团的凝聚力，具有积极意义。

（1）财务公司的机构性质

财务公司，是办理企业集团内部成员单位金融业务的非银行金融机构。财务公司，是独立的企业法人，应当按照国家有关规定取得法人资格。财务公司实行独立核算，自负盈亏，自主经营，照章纳税。企业集团内部成员单位，是指国家有关部门核准的企业集团章程中所包括的企业或事业单位。

（2）财务公司的业务范围

经中国人民银行批准设立的财务公司，可办理企业集团内部成员单位的人民币存款、贷款、投资、结算、担保、代理及贴现业务。

（3）财务公司的设立条件。其设立条件主要有：

①行政性公司或兼有行业管理职能的集团公司不得设立财务公司。

②产品或服务在国内同行业处于领先地位，并有比较好的盈利前景。

③核心企业与紧密层企业固定资产净值和自有资金在人民币10亿元以上。

④核心企业与紧密层企业当年提留的专用基金不低于人民币1亿元。

⑤财务公司的实收货币资本金不得少于人民币5000万元。

（4）中国人民银行对财务公司的管理

财务公司的业务经营范围必须严格限定在企业集团成员单位之间；财务公司的信用活动要接受国家信贷计划和政策的指导；执行中国人民银行确定的存、贷款利率；办理固定资产贷款和投资业务，须有有关部门批准的投资计划；按规定缴存存款准备金等。

（5）财务公司的财务管理办法

①财务公司财务管理的基本任务。企业集团财务公司财务管理的基本任务包括执行国家财经政策和法纪，加强核算，改善经营管理，提高资产使用效益，保

证财产、资金的安全和增值。

②财务管理的范围。财务公司财务管理的范围包括：资本金及其他信贷资金的管理；资产的监督及管理；财务收入管理；成本、费用及营业外支出管理；损益和损益的分配；资金和财产的余缺管理；其他财务管理。

③财务公司的管理体制。财务公司隶属于集团公司，行政上受集团公司的直接领导；财务公司在中国人民银行批准的业务范围内从事经营活动，业务上受中国人民银行的领导、管理、协调、监督和稽核；财务公司的财务管理工作纳入企业集团财务管理范畴，由企业集团统一对口同级财政部门。

二、国有资产授权经营

（一）国有资产授权经营的定义

1. 国有资产授权经营的概念

国有资产授权经营，是指国有资产监督管理机构将企业集团中紧密层企业的国有资产产权，统一授权给核心企业（集团公司）经营和管理。建立核心企业与紧密层企业之间的产权纽带，增强集团凝聚力，使紧密层企业成为核心企业的全资子公司或者控股公司，发挥整体优势。

2. 国有资产授权经营的目的

企业集团国有资产授权经营的目的，是优化企业组织结构，增强企业集团的经济实力，提高集团整体的经济效益，确保国有资产的保值增值。授权经营始终是一个手段。政府作为国有资产所有者，通过授权经营，可以确定集团公司为企业集团其他成员企业的投资主体和产权主体；通过授权经营，可以在集团公司和其他成员企业之间形成母子公司的产权关系；通过授权经营，可以使核心企业充分发挥其主导作用，有能力统一决策、调整产品结构和企业组织结构、合理配置资源，最终实现国有资产授权经营的目的。

3. 国有资产授权经营的内涵

企业集团国有资产授权经营的内涵，主要包括以下内容。

①国有资产监督管理机构根据市场配置资源的规律，将企业集团成员企业的产权授权集团公司统一经营。

②授权后，原成员企业成为企业集团的紧密层企业，与核心企业形成母子公司关系，即成为核心企业的全资子公司或者控股子公司。

③授权后，原成员企业的国家产权或者股权相应转化为核心企业的法人产权（法人所有权及其相关的权利）或者股权，即集团公司所持有的子公司的股份是国有法人股，或者是集团公司的法人资本。而政府直接持有的核心企业的股份（资本）则是国家股（或者国家资本）。

④授权后，核心企业对国家统一管辖范围内的国有资产保值增值负责。

4. 国有资产授权经营与行政划拨的区别

企业集团国有资产授权经营与行政划拨的区别，具体表现为以下5个方面。

①概念不同。行政划拨，是指政府通过行政命令手段，将企业管理权在行政部门之间进行转移。国有资产授权经营，是指国有资产监督管理机构将企业集团中紧密层企业的国有资产，统一授权给核心企业（集团公司）经营和管理。

②内容不同。行政划拨的内容是改变企业的计划、人事、财政、劳动、工资、物资、基建、技术改造、科技、教育等的行政管理权。授权经营的内容，是确定新的产权主体，组织母子公司的管理和运营，改变成员企业资本的所有权。

③主体不同。行政划拨的主体，是政府的社会经济管理部门，如行业管理部门、综合管理部门。授权经营的主体，是各级政府的国有资产监督管理机构。

④形成的关系不同。行政划拨形成新的行政隶属关系，即将企业的行政管理权由一个行政部门转移到另一个行政部门。授权经营形成新的产权关系，即将企业的产权经过第二次授权使其归属于企业集团的核心企业，形成母子公司产权关系。

⑤体制不同。行政划拨，是计划经济体制下配置资源的行政手段。授权经营，是市场经济体制下国有资产合理配置的主要手段。

（二）国有资产授权经营的必要性

在市场经济条件下，如何实现规模经济，形成以产权联结为主要纽带的多层次企业集团组织结构，壮大企业的经济实力，是深化国有资产管理体制改革和国有企业改革所面临的一个重要课题。虽然经过十几年的发展，我国已经建立了一些企业集团，但是仍然存在企业集团资产集中度低、生产规模过小、竞争实力较弱等问题。在工业部门的企业集团中，只有很少几个可以进入世界 500 强企业的行列。而国际上许多大型跨国公司的资产规模，有的已经超过了我国一个行业全部企业资产的规模，或者超过了一个沿海省份全部社会资产的规模。在这种情况下，我国可以有以下选择。

1. 市场自然选择

市场自然选择即让所有的企业在市场竞争中，通过兼并、破产、优胜劣汰这一漫长的过程形成企业集团。这一过程要经历相当长的时期和付出巨大的代价，要重新经历发达市场经济国家由原始积累到现代竞争的过程。现代世界经济的发展和国际竞争环境不允许我们重新经历这样的过程。

2. 政府行政选择

政府行政选择即政府通过行政手段，组建行政性公司，调整企业结构，配置社会资源。历史已经证明，单纯依靠政府的行政手段管理经济，不发挥市场机制对资源配置中的基础性作用，难以实现社会资源配置的优化和企业组织结构的优化，只能造成社会资源的更大浪费。

3. 市场自然选择与政府行政选择相结合

市场自然选择与政府行政选择相结合即一方面发挥市场机制在社会资源配置中的基础性作用，另一方面依据市场规律发挥政府的宏观调控作用。政府以国有资产所有者的身份，通过授权控股的方式，主动推进企业组织制度的创新，加速企业集团的形成和发展。

通过授权经营，国有资产监督管理机构把国家以各种形式投资设立的国有企业产权，授权集团公司持股。集团公司依据产权关系，依法对子公司行使选择经营者、作出重大决策和取得资产收益等权力。授权经营的实质，是通过政府授权实现产权重组，以达到优化企业组织结构、增强实力、提高效益、保值增值的目的。因此，企业集团国有资产授权经营是一种有益的尝试。

（三）国有资产授权经营的基本方式

国有资产授权经营的基本方式主要有两种。

1. 整体授权方式

整体授权方式，是指将具备条件的国有企业的产权，一次性整体授权使其归属于集团公司，建立母子公司产权关系，使这些企业成为集团公司的紧密层企业，由核心企业行使产权所有者的职能，统一运营和管理。这种方式的特点是简捷迅速，调整速度快。但是，也往往产生短期内难以协调好各方面关系和照顾成员企业的不同情况等问题。

2. 逐一授权方式

逐一授权方式，是指首先对成员企业逐一进行股份制改组，然后，将企业存量国有资产折合成的股份确认为国家股，并授权集团公司持有国家股股权，形成母子公司产权关系。其特点是分步实施，渐进形成新的产权关系，比较易于为各方面所接受。

（四）国有资产授权经营的条件

国有资产授权经营的条件，是指企业集团的集团公司应当具备的条件，主要包括：

1. 履行企业职能

集团公司是自主经营、自负盈亏的经营实体，不是起行政管理作用的行政性公司。

2. 进行清产核资

核实集团公司和成员企业占用的国有资产数额。

3. 有内在联系

集团公司与成员企业有产品、技术等内在联系。集团公司与成员企业能够通过产品、技术、协作等关系，在一致的市场目标下实现优势互补、共同发展。

4. 有较强的竞争性

集团公司具有较强的竞争性。发展企业集团是为了促进企业实现规模经营，增强企业的竞争力，而不是形成垄断经营。

5. 有国有资产保值增值的能力

集团公司具有承担国有资产保值增值的能力。集团公司应当设立较强的协调与决策机构，能够根据国家产业政策和市场需求进行管理经营决策和协调与成员企业的利益关系，有较强的资本经营能力，能够承担国有资产保值增值的责任。

6. 集团公司是国有独资企业

为了避免国有资产的流失，接受国有资产监督管理机构授权的集团公司应当是国有独资企业。授权经营后，集团公司经过股份制改组，可以发展成有限责任公司或者股份有限公司。

（五）企业集团授权经营的程序

企业集团授权经营的基本程序包括以下几个阶段。

1. 总体规划阶段

在这一阶段，要进行的工作包括确定企业集团发展目标模式、确定授权经营的集团公司、设计政府与集团公司的国有资产管理体制。

2. 申请阶段

集团公司要提出授权申请报告。申请报告的内容包括核心企业与成员企业现状、产权关系、行政隶属关系、财务隶属关系、生产经营关系、主要财务指标等主送国有资产监督管理机构，抄送国家体改委、经贸委、计委、财政及行业主管部门。

3. 批复阶段

国有资产监督管理机构接到集团公司的申请报告后，要与有关部门共同确定授权名单，并批复同意列入试点。

4. 拟订试点方案阶段

集团公司提出试点方案，并经成员企业讨论。

5. 培训研讨阶段

国有资产监督管理机构，对集团公司、成员企业的管理干部进行培训。培训研讨的主要内容包括产权制度、现代企业制度、公司法、股份制改组、企业集团和控股公司的基本理论、管理模式等。

6. 审批阶段

国有资产监督管理机构审查批准授权经营试点方案。审批的内容包括：

①授权集团公司持有成员企业股份比例，确认母子公司关系。

②明确集团公司对子公司的产权管理职能。

③明确集团公司对授权方承担的责任和义务。

④明确集团公司对子公司承担的责任和义务。

⑤明确集团公司与成员企业财务报表的合并。

7. 组织实施阶段

试点方案批准后，集团公司按方案组织实施，国有资产管理等部门负责协调、考核、总结。

（六）企业集团授权经营的内容

1. 企业集团内部的产权管理

企业集团内部的产权管理，是指集团公司董事会依据产权关系对授权范围内的国有资产进行的统一管理。

①决策管理。企业集团核心企业直接占用的国有资产，包括不具备独立法人地位的各分公司、事业部和分厂的全部资产，由集团公司董事会进行经营战略决策，委聘经理进行日常经营管理。

②人事管理。全资子公司具备独立法人地位，但由集团公司拥有全部产权（股权），由集团公司董事会决定各子公司董事会人员的任免，且通过集团公司委任的董事会或者经理人员，按照统一决策实施经营管理。

③股东管理。对于集团公司拥有部分产权（股权）、具备独立法人地位的控股子公司和参股关联公司，集团公司董事会按照所持股份比例直接委派董事参加

有限责任公司董事会；按照所持股份比例参加股份有限公司股东会，行使表决权，选举董事会成员，并以这两种方式控制或者参与控股公司及参股公司的经营决策，保障国有产权的正当权益。

④直接、间接控制。对于集团公司所属二级子公司以下的"孙"公司、控股公司、参股公司及交叉持股公司（集团公司子公司的全资子公司、控股公司、参股公司及交叉持股公司），集团公司可以比照上述方式实行直接、间接控制，或者参与其经营决策。

2. 集团公司对子公司行使的权力

①选择经营者的权力，决定聘任或者解聘子公司的董事、经理、总会计师和财务总监。

②清产核资、界定产权、出具出资证明。

③决定批准子公司的经营方针和经营形式。

④审批或者报批子公司股权转让和子公司设立、合并、分立、重组、兼并、收缴破产子公司剩余财产等事宜。

⑤审批子公司的财务决算，决定其利润分配和增加资本金方案。

⑥决定子公司的资本投资、融资方案。

⑦统一协调重要的生产经营活动。

⑧负责下达国有资产保值增值指标，并负责全过程的考核与监督。

3. 集团公司对子公司承担的义务

集团公司对子公司以出资额为限承担责任。

①尊重子公司的法人财产权，不干预子公司的日常生产经营活动。

②除经法定程序，不得以任何形式抽取在子公司的资本金。

③对子公司进行宏观指导、提供信息咨询。

4. 集团公司对政府的义务

①确保授权范围内的国有资产安全和保值增值。

②按规定进行清产核资、产权界定、产权登记、统计报表、资产评估等工作。

③向国有资产监督管理机构报告国有资产运营状况，提供有关数据资料。

④上缴国有股权收益。

⑤履行股权转让、股份制改组的审批手续。

⑥接受政府有关部门的审计监督。

5. 企业集团内部资源的合理配置

企业集团内部资源的合理配置，是企业集团授权经营的重要任务之一。要实现规模经济，增强企业集团的整体实力，必须进行企业集团产品结构、企业组织结构的调整，将原有不合理的资源配置结构，调整为专业化分工明确，能够充分发挥成员企业现有生产能力，优势互补的最佳资源配置结构。因此，应当从企业集团整体发展需要出发，实行企业集团资产和经营的一体化。

6. 企业集团财权和财力的集中

企业集团整体实力的提高，要求集团根据市场需求变化，开拓新的生产经营领域，开发新产品。这些都要求集团公司适当集中财权财力，通过增量投资调整资产结构。因此，集团公司可以凭借自身的资信进行筹资，依据持有的股份收取股利进行再投资，也可以引导子公司共同投资，加强薄弱环节的建设，增加短线产品的生产。

7. 集团的资本经营责任制

集团公司授权经营后，拥有了资本经营的权力，同时，也承担着国有资产保值增值的责任。因此，建立以资本金利润率为核心指标的资本经营责任制，是企业集团授权经营的主要内容。国有资产监督管理机构要结合会计财务制度改革，落实集团公司的资本经营责任制，集团公司也要落实对子公司的资本经营责任制。

8. 编制集团合并会计报表

集团合并会计报表，是全面反映集团公司和子公司生产经营成果和财务状况的重要资料。应当根据《会计准则》和《财务通则》以及财政部会计司制定的《关于合并会计报表的暂行规定》，编制各企业集团的合并会计报表。

第二节 国有产权转让管理

一、国有产权转让监督管理

（一）国有资产监督管理机构的职责

国有资产监督管理机构对企业国有产权转让履行下列监管职责。

1. 制定产权交易监管制度和办法

按照国家有关法律、行政法规的规定，制定企业国有产权交易监管制度和办法。

2. 审批国有产权转让事项

决定或者批准所出资企业国有产权转让事项，研究、审议重大产权转让事项并报本级人民政府批准。所出资企业是指国务院，省、自治区、直辖市人民政府，设区的市、自治州级人民政府授权国有资产监督管理机构履行出资人职责的企业。

3. 确定产权交易机构

选择确定从事企业国有产权交易活动的产权交易机构。产权交易机构应具备的基本条件是：

①遵守国家有关法律、行政法规、规章以及企业国有产权交易的政策规定。

②履行产权交易机构的职责，严格审查企业国有产权交易主体的资格和条件。

③按照国家有关规定公开披露产权交易信息，并能够定期向国有资产监督管理机构报告企业国有产权交易情况。

④具备相应的交易场所、信息发布渠道和专业人员，能够满足企业国有产权交易活动的需要。

⑤产权交易操作规范，连续 3 年没有将企业国有产权拆细后连续交易行为以及其他违法、违规记录。

4. 监督检查产权交易情况

负责企业国有产权转让信息的收集、汇总、分析和上报工作，对企业国有产权交易情况进行监督检查。

5. 其他职责

履行本级政府赋予的其他监管职责。

（二）国家出资企业的职责

国家出资企业对企业国有产权转让履行下列职责。

1. 制定国有产权转让管理办法

按照国家有关规定，制定所属企业的国有产权转让管理办法，并报国有资产监督管理机构备案。

2. 对产权转让行为进行论证

研究企业国有产权转让行为是否有利于提高企业的核心竞争力，促进企业的持续发展，维护社会的稳定。

3. 研究、审议重大国有产权转让事项

研究、审议重要子企业的重大国有产权转让事项，决定其他子企业的国有产权转让事项。

4. 报告产权转让情况

向国有资产监督管理机构报告有关国有产权转让情况。

（三）国有产权转让的程序

1. 可行性研究

企业国有产权转让应当做好可行性研究，按照内部决策程序进行审议，并形成书面决议。国有独资企业的产权转让，应当由总经理办公会议审议。国有独资

公司的产权转让，应当由董事会审议；没有设立董事会的，由总经理办公会议审议。涉及职工合法权益的，应当听取转让标的企业职工代表大会的意见，对职工安置等事项应当经职工代表大会讨论通过。

2. 报告审批

国家出资企业向国有资产监督管理机构报告有关国有产权转让情况。后者对所出资企业国有产权转让事项进行研究并做出决定，重大产权转让事项经审议后报本级人民政府批准。

3. 清产核资

企业国有产权转让事项经批准或者决定后，转让方应当组织转让标的企业按照有关规定开展清产核资，根据清产核资结果编制资产负债表和资产移交清册，并委托会计师事务所实施全面审计（包括按照国家有关规定对转让标的企业法定代表人的离任审计）。资产损失的认定与核销，应当按照国家有关规定办理。

转让所出资企业国有产权导致转让方不再拥有控股地位的，由同级国有资产监督管理机构组织进行清产核资，并委托社会中介机构开展相关业务。

社会中介机构应当依法独立、公正地执行业务。企业和个人不得干预社会中介机构的正常执业行为。

4. 资产评估

在清产核资和审计的基础上，转让方应当委托具有相关资质的资产评估机构依照国家有关规定进行资产评估。评估报告经核准或者备案后，作为确定企业国有产权转让价格的参考依据。

在产权交易过程中，当交易价格低于评估结果的90%时，应当暂停交易，在获得相关产权转让批准机构同意后方可继续进行。

5. 公告信息

转让方应当将产权转让公告委托产权交易机构刊登在省级以上公开发行的经济或者金融类报刊和产权交易机构的网站上，公开披露有关企业国有产权转让信息广泛征集受让方。产权转让公告期为20个工作日。

转让方披露的企业国有产权转让信息应当包括下列内容：

①转让标的的基本情况；

②转让标的企业的产权构成情况；

③产权转让行为的内部决策及批准情况；

④转让标的企业近期经审计的主要财务指标数据；

⑤转让标的企业资产评估核准或者备案情况；

⑥受让方应当具备的基本条件；

⑦其他需披露的事项。

6. 提出受让条件

在征集受让方时，转让方可以对受让方的资质、商业信誉、经营情况、财务状况、管理能力、资产规模等提出必要的受让条件。受让方一般应当具备下列条件。

①具有良好的财务状况和支付能力。

②具有良好的商业信用。

③受让方为自然人的，应当具有完全民事行为能力。

④国家法律、行政法规规定的其他条件。

7. 明确外商受让范围

受让方为外国及我国香港特别行政区、澳门特别行政区、台湾地区的法人、自然人或者其他组织的，受让企业国有产权应当符合国务院公布的《指导外商投资方向规定》及其他有关规定。属于下列情形之一的，列为鼓励类外商投资项目。

①农业新技术项目，属于农业新技术、农业综合开发和能源、交通、重要原材料工业的项目。

②高新技术项目，属于高新技术、先进适用技术，能够改进产品性能、提高企业技术经济效益或者生产国内生产能力不足的新设备、新材料的项目。

③竞争力强项目，适应市场需求，能够提高产品档次、开拓新兴市场或者增加产品国际竞争能力的项目。

④节约环保项目，属于新技术、新设备，能够节约能源和原材料、综合利用资源和再生资源以及防治环境污染的项目。

⑤促进西部发展项目，能够发挥中西部地区的人力和资源优势，并符合国家产业政策的项目。

⑥法律、行政法规规定的其他情形。

8. 实施产权交易

（1）确定交易方式

采取拍卖方式转让企业国有产权的，应当按照《中华人民共和国拍卖法》及有关规定组织实施。

采取招投标方式转让企业国有产权的，应当按照国家有关规定组织实施。

经公开征集只产生一个受让方或者按照有关规定经国有资产监督管理机构批准的，可以采取协议转让的方式。采取协议转让方式的，转让方应当与受让方进行充分协商，依法妥善处理转让中所涉及的相关事项后，草签产权转让合同，并按规定程序进行审议。

经公开征集产生两个以上受让方时，转让方应当与产权交易机构协商，根据转让标的的具体情况采取拍卖或者招投标方式组织实施产权交易。

（2）签订转让合同

企业国有产权转让成交后，转让方与受让方应当签订产权转让合同，并应当取得产权交易机构出具的产权交易凭证。企业国有产权转让合同应当包括下列主要内容。

①转让与受让双方的名称与住所。

②转让标的企业国有产权的基本情况。

③转让标的企业涉及的职工安置方案。

④转让标的企业涉及的债权、债务处理方案。

⑤转让方式、转让价格、价款支付时间和方式及付款条件。

⑥产权交割事项。

⑦转让涉及的有关税费负担。

⑧合同争议的解决方式。

⑨合同各方的违约责任。

⑩合同变更和解除的条件。

⑪转让和受让双方认为必要的其他条款。

转让企业国有产权导致转让方不再拥有控股地位的，在签订产权转让合同时，转让方应当与受让方协商提出企业重组方案，包括在同等条件下对转让标的企业职工的优先安置方案。

（3）支付转让价款

企业国有产权转让的全部价款，受让方应当按照产权转让合同的约定支付。

转让价款原则上应当一次付清。如金额较大、一次付清确有困难的，可以采取分期付款的方式。采取分期付款方式的，受让方首期付款不得低于总价款的30%，并在合同生效之日起5个工作日内支付；其余款项应当提供合法的担保，并应当按同期银行贷款利率向转让方支付延期付款期间利息，付款期限不得超过1年。

（4）清缴拖欠款项

国有资产清缴拖欠款项是确保国有资产保值增值、维护市场秩序和促进社会经济健康发展的重要措施。根据相关政策和行动方案，各级政府和国有企业正在采取积极措施来解决这一问题。

国有企业在清理拖欠民营企业中小企业账款工作中，也在采取行动。一些措施的实施，旨在从源头上治理拖欠问题，保护企业的合法权益，同时也有助于提升国有资产管理的效率和透明度，构建长效机制，促进经济的持续健康发展。

9. 办理相关手续

①办理土地使用权转让等手续。转让企业国有产权涉及国有划拨土地使用权转让和由国家出资形成的探矿权、采矿权转让的，应当按照国家有关规定另行办理相关手续。

②解缴转让收益。转让企业国有产权取得的净收益，及时缴入政府国有资产经营预算统一管理。

③办理产权登记。企业国有产权转让成交后，转让和受让双方应当凭产权交易机构出具的产权交易凭证，按照国家有关规定及时办理相关产权登记手续。

二、完善国有产权转让的对策

（一）国有产权转让存在的问题

我国国有产权转让存在许多不容忽视的问题，主要表现在以下几个方面。

1. 产权不清晰

产权不清晰问题主要表现为以下几个方面。

①产权观念缺乏。目前对建立市场经济必备的产权知识、产权观念普遍缺乏。

②产权关系不清。各个企业层次的产权主体、投资主体不明确；各个层次企业间产权关系有待理顺。

③产权边界模糊。这主要是指企业产权界定不明确，包括国有经济在内不同产权主体之间股权比例不明确、国有产权与非国有产权界定不明确、法人企业与法人企业间产权界定不明确等。

④产权主体虚化。对国家出资企业仅讲所有权是国家的并不够，若没有具体的投资主体，其产权主体就是虚化的，就仍然是无人负责的。现在缺乏的正是追求资本增值的人格化的投资主体。

⑤产权责任不明。企业经营的主要目标就是追求资本增值、投资回报。而现在的企业却没有建立资本经营责任制，企业只重视实物资产，不重视资本价值，因此投资膨胀、重复投资、重复建设问题层出不穷。

⑥产权管理不到位。产权管理的基本原则是投资主体要及时行使产权职能。目前有些国家出资企业仍然存在不及时报告、不经出资人批准即擅自决定国有产权转让事项的问题。

2. 国有资产流失

在不规范的产权交易中，国有资产流失是一个相当严重的问题。其主要原因有以下几个方面。

（1）资产评估不规范。存在的问题有：

①不按规定进行评估。部分已出售的公有制企业没有进行资产评估（尤其是

已出售的集体企业)；有的地方在出售企业时由主管部门负责评估作价，带有浓厚的"长官色彩"；有的地方抽调人员组成临时的出售企业的资产评估小组负责评估；有的地方干脆找几个所谓"有经验"的人一合计就定了价等。

②评估价值偏低。除了行政干预和人情交易等原因外，另一个主要原因是，目前国有企业产权转让市场主要是买方市场，即欲出让的国有企业居多，而有能力购买国有企业的买主少，有些企业有了买主后急于成交，往往在企业评估时做出让步，特别是目前出现的外商利用企业引资心切的心理，压价收购、控股收购的现象，更应引起足够的重视。

③无形资产漏评现象严重。在转让国有中小型企业时，企业的商标权、专利权及商誉等无形资产往往被忽视，其价值没有被评估。

④多家介入资产评估工作。重复评估现象日渐突出，加重了产权出让方的负担，影响了产权转让工作的正常进行。凡此种种，影响了资产评估的客观性、公正性，从而使产权转让的公平性、公正性大打折扣，这也正是国有资产在转让过程中发生流失的重要原因之一。

(2) 资金兑付率过低

相当一部分国有产权的购买者资金兑付率较低，有的买者要拖欠很长时间才付买金。拖欠资金的手续也不规范，有的人以自己的财产做部分抵押，有的则找行政长官出面担保，其结果往往是卖方屡次向买方催款，但买方寻找借口一拖再拖，卖方也无可奈何，由此而使国有、集体资产遭受损失。这种情况在向外商转让中也普遍存在。

(3) 转让收入处置不规范

一些地方在产权转让收益的收取上存在延迟或不足额的问题，不同的部门负责征收，而使用这些资金的单位也各不相同。在某些情况下，产权转让的收益甚至是由企业或其上级主管部门自行处置，缺乏对这些收益使用的适当监管和规范。

3. 产权交易市场缺陷

(1) 产权交易市场建设失控，覆盖面有限

交易机构过多过滥，使一些地方出现了"大场小市"甚至"有场无市"的

局面；有些产权交易市场处在低效、无序的运作状态中；加之"炒产权"现象的存在，致使产权交易市场的性质和功能出现变异；产权交易市场的覆盖面有限，影响很小。现存的产权交易市场多带有浓厚的地方保护主义和行业保护主义的色彩。市场的割据、信息的闭塞，不能使产权交易真实、及时地反映市场供求状况，不利于国有资产市场价格的正常形成，也不利于企业产权这种特殊的社会资源跨行业、跨地区流动和高效合理地配置。

（2）产权交易市场上的交易主客体不明

一是产权主体不清。所谓产权主体，这里专指进入产权交易市场的企业财产所有者本身或受财产所有者委托的法人。私有财产的产权主体是明确的，而国有产权主体"虚位""错位"问题却很突出。

二是产权客体不清。所谓产权客体，是指与财产权利相关的产权的有形或无形载体，它既包括企业整体产权和企业部分产权，也包括企业资产性产权（机器、车辆、建筑物等）、资源性产权（矿山、森林、土地等）和知识性产权（商标、专利、技术、信誉等级等）。产权客体在产权主体间让渡时，因产权客体缺乏规范的评估界定而影响产权交易的进行。此外，产权转让过程中税费偏高加大了交易成本，挫伤了产权交易双方的积极性。

（3）产权交易方式和程序不规范

缺乏明确统一的产权交易规则。目前全国已有几百家产权交易组织，但是在交易组织、交易方式等方面尚没有一套规范的模式。各地均有自己的办法，不利于各产权交易中介组织之间的衔接和产权交易的进行。目前，我国缺乏存量资产重组和涉外产权交易的战略规划及有序的实施步骤。同外商的产权交易，基本上是由各地政府部门或各企业分别同外商个别接触和谈判。各地为政，形成地方间、企业间的自相竞争，从而给外商提供了利用机会，使得国家出资企业选择交易对象时难以尽可能地挖掘潜在购买者，在议价地位上往往处于劣势。

（4）产权交易的中介组织不完善

产权交易的中介组织是指产权经纪机构及产权交易中心或产权交易所。这类组织也是依法设立的法人组织，是为企业产权交易提供直接服务的。但现在这类组织发育不完善也直接制约了产权交易市场的完善与发展。其影响主要表现在：

一是机构建制不完善，都挂靠行政主管部门，使其公正性受到严重影响，且布局不合理，数量相对较少，有许多地级市至今没有这类中介组织。二是内部管理不完善。某些产权交易中介机构内部管理松弛、规章制度不健全、人员素质不高，不能适应复杂多变的产权交易业务。还有的中介组织没有改变行政机关的作风，坐等客户上门；有的只讲经济效益，不讲社会效益，收取费用较高，但服务又不到位，令人望而却步。

（5）产权交易中的政府行为问题

许多产权交易市场都不同程度地存在受政府某些部门直接干预的问题，有些甚至存在产权市场"权力商品化"的苗头。政府对产权交易进行管理和控制是必要的，但是在目前的一些交易活动中，政府用行政手段进行盲目干预的行为，确实给产权交易带来了一些负效应。其弊端表现在：其一，政府经济职能与非经济职能混同，导致企业产权交易的行政性垄断，不利于产权交易的发展；其二，政府在产权交易中的干预行为违背市场规律，人为规定生产要素的流向，不利于资源的优化配置；其三，一些先进企业因行政命令背上劣势企业的包袱后，经济效益滑坡，甚至有被一起"拉下水"的危险。

4. 产权交易外部环境不协调

首先，部门间配合尚不默契。企业产权交易需要财政、国有资产管理机构、发展改革委员会、市场监管、监察、审计、税务、银行以及其他部门之间的通力协作，需要政策上的优惠和工作上的互相支持才能顺利进行。

其次，产权交易信息网络尚未形成。企业产权交易信息网可以及时提供产权交易信息，降低产权交易成本。而这一网络的建立需要整个社会，包括计算机管理部门、生产厂家以及各企业的重视，但现在不少地区都未进网，甚至一些产权交易机构还没有能容纳大信息量、适应联网要求的计算机。

最后，企业产权界定尚未全部到位。近年来，我国只对国有企业和行政事业单位进行了产权登记和界定，对市属、县属大集体以及乡镇、街道企业很少进行产权管理和界定。这些企业产权不清、政企不分的现状同样影响着产权交易的正常发展。一方面，造成交易对象进行交易的无效率；另一方面，造成产权交易纠纷时有发生。

5. 企业职工安置问题

企业产权交易中的职工安置问题，是一个敏感、棘手的问题。在中国劳动力市场仍不完善的情况下，不解决好企业职工的安置问题，将严重影响产权交易的进程。目前，在一些省市已经出现企业职工反对出售企业的情况，而出售企业的职工安置不妥也将成为影响社会安定的因素。

解决这一难题的途径：一是由收购方吸收原有职工，二是依靠社会的力量来解决。在中国社会保障制度尚不健全的情况下，将出售企业的职工交给社会，将给社会增加巨大的就业压力和社会福利压力，甚至可能带来一定的社会震荡。因此，一般是要求收购方吸纳原有职工，但这样又会带来新的矛盾，既不利于企业的要素优化组合，使劳动生产率难以提高，又难以达到收购企业的预期目的，从而使产权交易的动力减弱。

（二）规范国有产权转让管理的对策

为加快产权交易市场规范化进程，并使其在社会经济中发挥日益重要的作用，针对产权交易领域存在的问题，我们提出以下构想。

1. 加大研究与宣传力度

加强对产权、产权交易（包括产权交易的性质、交易主客体、交易运作程序等）的研究与宣传，以消除疑虑、澄清认识，为产权交易的健康发展创造舆论基础，必须从观念上实现三个方面的转变：一是资产管理形态由实物保全向价值增值转变；二是资产运营观念由条块分割、画地为牢的封闭型向跨地区、跨行业、市场化的开放型转变；三是管理方法上由静态管理向动态管理转变。我国当前的产权交易，不是发展太快，而是发育不全。对产权交易的管理应当重在培养、依法规范；要看到产权交易作为体制转轨的必然产物所具有的过渡性。

此外，应加强产权与产权交易相关理论知识的培训，提高产权交易中介服务机构和企业以及政府有关部门人员的素质，切实拓展产权交易的功能。

2. 加强组织领导与宏观调控

（1）规范产权交易主体和审批机关

首先，要将主要精力用于培育和发展企业集团、控股公司、经营公司等，以其作为产权的主体，受政府委托进行产权交易。其次，落实企业在产权交易中的主体地位。产权交易行为的发生取决于产权交易的买卖双方，因此，应尽快建立企业法人财产权制度，转换企业经营机制，使企业真正成为自主经营、自负盈亏、自我积累、自我约束的法人实体和市场竞争的主体。企业法人地位的取得无疑有助于培育产权交易市场的买卖双方，充分调动企业参与产权交易的主动性。产权交易市场应置于政府的监督之下，产权转让双方转让的国有资产也要经过政府批准，其依据是国家的产业政策。

（2）规范产权交易机构和中介机构

从事产权交易中介服务活动的机构包括两种类型：一种是产权交易机构，如产权市场、产权交易所等；另一种是从事一般中介服务的证券公司等社会中介机构。无论哪种，都是依法设立的法人组织，不但要具备成为法人组织的一般条件，还要具备提供产权交易中介服务所必需的充分信息、专业技术条件和较高的人员素质。对产权交易机构的资格审批应严格把关。产权交易机构应当建立法人登记制度，建立内部管理制度，形成自我约束机制，并加强行业自律性管理。对产权交易的中介机构需加强监管，并规范其设立条件、经营范围和交易行为，逐步建立起行之有效的监管制度。

（3）建立产权市场的监管体系

产权市场服务于国有经济结构调整。应加强政府国有资产专职管理部门与非专职管理部门的合作，以保证产权交易真正有利于国有资产的优化配置。

①加强国有资产监督管理机构与行业管理部门的合作，使国有资产重组与行业结构及组织调整相结合，充分发挥产权管理在行业管理中的主导作用。

②加强国有资产监督管理机构与证券市场管理部门的合作，使股票市场与非股票产权交易市场的管理形成有机整体。

③加强国有资产监督管理机构与国家发展和改革委员会等国有资产投资管理部门的合作，使产权交易中的国有资产存量调整与增量管理有机结合。

④加强国有资产监督管理机构与审计、监察、统计、市场监管等部门的合作，以建立起有效的国有资产产权交易监控体制。

⑤加强国有资产监督管理机构与人事、劳动等部门的联系，以合理解决国有企业产权交易活动中遗留的各种社会福利、保障与劳动力转移等问题。

（4）规范和引导企业产权交易行为

政府应通过制定经济结构调整战略规划与实施政策，加强对企业并购与产权重组行为的指导和协调，使其符合国家产业政策的要求，以真正实现企业组织结构的改良及产业结构的优化，带动整个国民经济的健康发展。加大实施企业兼并破产的力度，鼓励兼并、规范破产。充分利用有序的市场机制推动资产的合理流动，规范产权交易行为，最大限度地降低产权交易的成本费用。为确保结构调整的顺利进行，有必要建立权威性的、全国性的组织领导机构，以对产权交易实行有效的监督和管理。

（5）规范和监管外资并购

政府应通过产权交易政策对外商投资的规模和方向加以引导。根据我国产业政策和地区经济政策的要求利用外资，使外资在地区间、产业间，特别是在基础产业、主导产业、先导产业和一般产业之间合理分布。既要让出一部分市场以吸引外资，促进国内发展前景好但仍处于起步、幼稚阶段的产业、企业间的技术升级，又不使外商垄断这类产业和企业的市场。应抓紧制定外资并购方面的相关法律法规，对于外资准入的条件、程序、范围、市场份额和监管机构等应尽快加以明确，从而既可以有效地利用外资，又能防止和克服其产生的负面效应（如不正当竞争和投机行为），以切实保护民族工业。

3. 制定国有产权交易方面的优惠政策

政府应解决目前企业国有产权交易过程中面临的诸多问题和障碍，促进国有资产流动与重组，国家应在财税、金融、投资等方面制定相应的优惠政策，鼓励和支持国企兼并与收购，促进资源优化配置和产业结构调整。

4. 规范产权转让收入的处置

产权转让收入应按产权主体的不同性质区别对待，分别处理。产权出让方为国家授权的投资部门，产权转让的收入应由国有资产监督管理机构会同财政部门收取，纳入同级人民政府国有资产经营预算，用于国有资本的再投入。产权出让方为国家授权投资的机构或者直接拥有该企业出资权的国有企事业单位，产权转让收入应由该机构或该企事业单位收取，并按国家有关财务规定处理，不得用于消费性支出。

5. 加强产权交易市场的规范建设

（1）规范产权交易程序

产权交易应履行以下程序：第一，由交易双方分别向产权交易机构提出申请；第二，产权交易机构根据国家有关规定对申请文件进行审查后，由交易双方填写有关登记表，并按双方各自的意愿进行协商或者挂牌公布；第三，交易双方达成意向协议后，进行资产评估，评估价作为出让企业产权的底价；第四，成交价及其他交易条件确定后，须在产权交易机构的主持下，由交易双方按照国家有关规定，签订产权转让合同；第五，合同经双方法定代表人签字、盖章并经产权交易机构签署意见后生效。

（2）加强产权交易法律法规建设

国家应尽快制定有关产权交易的法规，规范市场交易行为。尽快制定和颁布有关产权交易的法律，包括《产权交易法》和产权交易所（中心）的规章制度等，使全国的产权交易都能在统一的法律尺度下规范进行。此外，还应修订有限责任公司和股份有限公司产权交易的法规；制定集体企业资产转让、评估等方面的法规；制定商业银行促进产权交易的配套法规。

（3）建设产权交易的信息网络

要以降低产权交易成本、提高国有资产潜在价值为中心，以建立产权信息网络为基础，拓展产权市场的服务功能。

（4）培育和完善要素市场、资本市场、劳动力市场，使其与产权交易市场相辅相成，为产权交易规范发展提供条件和保障，从而促进我国市场体系的健全，推动市场经济的发展

就资本市场而言，应改变现行的计划管理方式，实行以满足资本金的供给者和需求者的要求为目的、以法律法规为准绳的管理方式；建立证券交易所与证券交易中心（包括各自的报价系统）分层次相协调的证券交易市场；积极拓展资本

市场的规模、品种，并提供相应的制度保障和政策支持，充分调动资本市场在资源配置、融通资金等方面的作用，进而推动企业产权结构和内部治理结构的转变。培育完善劳动力市场，使其成为解决职工安置问题的有效途径。政府应明确劳动力市场主体的地位，培养劳动力的就业风险和竞争意识；使企业成为独立的法人实体和市场竞争主体；健全劳动力市场机制，在竞争中使劳动力资源得到合理配置；为劳动力市场运行创造良好的社会环境。

6. 完善相关规章制度

建立与完善有关产权交易市场的规章制度，应包括以下几个方面。

①资产评估制度。企业产权进入市场前，要经过资产评估中介组织进行资产评估，按现行价格核实资产存量，为企业产权进入市场做好前期准备。

②市场定价制度。资产评估是定价的基础，但并不是产权的市场价格。决定产权的市场价格要考虑企业的劳动消耗、利率、汇率对产权价格的影响，以及产权的供求状况等因素。

③收益处置制度。建立收益处置制度，应本着取之于民，用之于民的思想，严禁化公为私侵吞国有资产。

④社会保障制度。要建立失业保险基金，以解决兼并企业的富余人员在再就业之前的生活费用问题；要建立离退休职工福利保险基金，解决职工老有所养、老有所靠问题；要建立最低生活标准制度，保证社会成员的基本生活需要。

⑤集中交易制度。为了保证产权交易公平合理，并能起到稳定金融秩序、优化资源配置的作用，应实行产权集中交易制度，由国家指定的产权交易所在中心城市统一办理产权交易。

第三节 国有资本投入管理

一、国有资本投入的作用

国有资本投入的作用，主要表现在以下几个方面。

（一）奠定国民经济物质技术基础的重要力量

新中国成立以来，通过投资（包括固定资产投资和流动资产投资）形成的国有资产已达十多万亿元。这些资产是我国社会主义社会赖以存在和发展的重要物质基础，是国民经济的骨干力量。它对于我国社会经济的发展起着决定性的作用。

（二）促进产业结构合理化的重要手段

投资影响和决定着国民经济结构，特别是产业结构。这种影响和决定作用主要表现在两个方面：首先，投资总量的增长速度强有力地影响着产业结构的变化方向。投资总量增长速度加快时，对投资品的需求就增多，从而拉动生产投资品的产业扩张；反之，投资总量增长速度减慢，对投资品的需求就减少，生产投资品的产业发展速度就降低。其次，投资结构决定产业结构。现存的产业结构是过去投资分配的结果，而现在的投资结构又决定着未来的产业结构。改变不合理经济结构和产业结构的一个重要方面，就是通过国有资本投入，改善投资分配结构，进而调整经济结构和产业结构。

（三）增加财政收入的重要来源

投资是一个国家经济增长的基本推动力。投资具有乘数效应，一定量的投资可引起数倍于它的国民生产总值、国民收入和财政收入的增长。因而适度增加投资数量，优化资金投向和提高投资效率，是促进国民经济增长的首要推动力，也是保证财政收入增长的主要来源。

（四）提高人民物质文化生活水平的重要保证

国有资产在生产领域的投资，直接转化形成生产性固定资产，可以扩大生产能力，增加社会总供给，从而在生产发展的基础上，为逐步改善人民的物质文化生活创造条件。国有资产在非生产领域的投资，直接转化形成非生产性固定资产，是国家履行政治职能和社会职能的物质基础。对于提高社会成员的生活质量和国民素质，起着至关重要的作用。

（五）促进经济增长、增加就业、稳定通货的重要政策工具

随着市场取向的改革不断深入，国有资本投入不仅要直接支持基础设施等领域的建设，而且成为财政政策的重要工具，对国民经济实施宏观调控，这是社会主义市场经济体制对国有资本投入的新的定位。

二、国有资本投入主体

投资主体是指进行投资活动，具有一定投资资金来源，拥有投资决策权力，享受投资带来的收益（或其他社会成果），并承担投资风险的社会组织和个人。在市场经济条件下，投资主体必须具备以下4个属性。一是投资主体必须是投资的法律所有者。投资主体必须是资金积累主体，投资主体对投资所形成的资产享有所有权。二是投资主体必须是决策主体，在投资过程中能够相对独立地做出投资决策。三是投资主体必须是投资收益（或其他社会成果）的享有者。投资主体对投资所形成的资产及由此带来的收益具有支配权，能自主地或委托他人进行经营。四是投资主体必须是投资责任和风险的真正承担者。

在高度集中的计划经济模式下，投资资金的筹集和使用，分别由国家财政和国家计划部门管理，国家成为主要的甚至可以说是唯一的投资主体。几乎所有生产性和非生产性投资，都由国家（中央政府和地方政府）确定。随着经济体制改革的不断深入和社会主义市场经济体制的逐步确立，我国投资领域发生了重大的变化，出现了投资渠道多源化、筹集方式多样化和投资主体多元化的趋势。国有资本投入，也由单一的政府主体向政府、政府授权的机构和国家出资企业多重主体发展，从而形成初始投资主体（政府）和法人投资主体（投资机构与企业）。

（一）政府投资主体

国有资产初始投资主体，又称政府投资主体，其明显特征是各级政府根据财政资金的分配使用情况直接确定投资项目。改革以前，政府是我国国有资本投入的唯一主体。按照投资项目的性质和经济效益、社会效益，政府投资的形式分为

无偿拨款和有偿贷款两种。无偿拨款分配的投资，主要用于非生产性项目；有偿贷款投资则用于生产性项目，一般采取委托银行发放贷款的方式。

政府投资分为中央政府投资和地方投资两个层次。中央政府投资，是指中央预算对中央确定的建设项目，以无偿拨款或有偿贷款形式直接供应资金；地方投资，是指地方预算对地方确定的建设项目，以无偿拨款和有偿贷款形式直接供应资金。中央政府投资的范围，主要是跨地区的公用事业、基础设施，极少数大型骨干企业和国防、航天、高新技术等战略产业和国家重点建设项目。地方政府投资的范围，主要是区域性的公用事业、基础设施、教育、卫生、社会福利等非生产性事业和地方重点建设项目。

（二）法人投资主体

法人投资主体，是指从事国有资本投入活动的具有法人资格的经济实体。国有资产的法人投资主体包括如下两个部分。

1. 国有资本运营机构

国有资本运营机构，是指国家依法独资设立、对国家授权范围内的国有资产具体行使所有者权利、以持股运作方式从事国有资本运营的企业法人或机关法人。企业法人，是指国家授权从事国有资本投资活动的机构和大型企业集团的核心企业等。机关法人，是指国家授权从事国有资本投资活动的部门。

2. 国家出资企业

国家出资企业，是指依法占有使用国有资产的企业法人。国家出资企业投资，是指占有国有资产的企业用利润留成建立的生产发展基金、职工福利基金和其他生产专用基金以及银行信用资金等直接安排的投资。随着国家出资企业财务分配体制的改革，企业留利逐年增加，提取的各项生产专用基金也不断增大，企业的投资权限逐渐扩大。企业在安排投资时，既有与政府合股投资，又有单独投资；既有以原有企业为依托改建扩建，又有跨地区跨行业联合投资。企业自有资金不足时，可以通过向银行申请贷款或者发行债券、股票开展融资活动。总之，在全社会投资分配活动中，企业投资的比重将逐渐增加。企业作为投资主体的地位日益显著，在投资中发挥的作用也越来越重要。

三、国有资本投入管理的任务

（一）筹集资金

筹集资金，要求保证国有资本投入所需资金的供给。国有资本投入的筹集管理，既包括直接为国有经济投资主体提供资金，还包括开拓、建设和管理资金市场。

经济体制改革以前，国家是全社会唯一的投资主体，财政收入几乎是国有资本投入的唯一来源。随着经济体制改革的深入，形成了以国有经济为主导，多种经济成分并存的格局，国家出资企业也向相对独立的商品生产者转变。这意味着社会再生产的资金（包括简单再生产与扩大再生产的资金）已突破了原来的统收统支模式，不再完全由国家掌握，而是由包括中央政府、地方政府、国家出资企业、集体所有制企业、私营及个体企业、合资企业和外资企业等多个经济主体掌握。多渠道的资金来源和多样化的筹资方式，为国有资本投入主体顺利地筹集资金创造了条件。同时，也使对筹资的调控管理变得相对困难。在多种经济成分并存的格局下，有限的社会资金在各经济主体之间进行分配，国有资本投入所需要的资金在很大程度上也要通过竞争来获得，资金筹集更加市场化。所以，国有资本投入的筹集管理包括筹集资金和调控资金市场双重任务。

（二）确定国有资本投入规模

合理确定国有资本投入规模的基本要求是：投资规模与经济实力相适应。国有资本投入规模与国民经济增长速度密切相关。一方面，经济增长是增加投资的基础；另一方面，投资规模的扩大是经济增长的必要前提。在国有资本投入管理工作中，必须正确确定投资的规模。确定合理的投资规模，要坚持量力而行、"先生产，再建设""先生活，后建设"的原则，充分考虑经济发展状况、生活水平的提高程度、一定时期人口的增长、就业人员的增加、资产存量利用状况、单位生产能力的投资额等诸多影响因素。在国力一定的条件下，首先要保证消费的适度增长，然后再根据财力可能适当安排积累；在建设投资方面，要保证固定资产投资和流动资产投资同步增长。

（三） 合理确定国有资本投入方向

合理确定国有资本投入方向的基本要求是：实现地区结构优化和产业结构优化。首先，在地区结构方面，我国生产力水平在地域分布上不平衡，从而给经济的均衡发展造成了困难。目前，东部沿海地区生产力水平较高，社会经济条件优越，资金投入的效益相对较高；西部地区生产力水平较低，社会经济条件较差，资金投入的效益则较差，但东部地区资源缺乏，西部地区资源丰富。为逐步解决地区间的经济发展差距，需要在地区间合理地分配国有资本投入。其次，在行业结构方面，我国传统产业亟须改造，新兴产业有待建立与发展，供求不一致的结构矛盾需要解决。这些都需要增加国有资本投入。所以，做好国有资产增量在产业间的分配，是关系经济发展的又一重要问题。国有资本投入方向应该与国家制定的产业政策一致，向重点产业倾斜，并注意发挥各地的优势，因地制宜，把产业发展和地区特点结合起来。

（四） 控制监督国有资产投入产出过程

控制监督国有资产投入产出过程，包括两方面的内容。一方面，国有资本投入要及时足额地供应，以保证工程建设和生产经营的顺利进行。资金的供应状况，影响建设项目的建设工期。如果资金有缺口，就会拖长工期，建设项目不能按期竣工投产，则会降低投资效果。因此，应把资金及时供应作为国有资本投入管理的目标之一。另一方面，要加强国有资本的使用管理，努力使国有资本投入得到有效使用。通过加强国有资本的使用管理，提高建设工程质量和投资效益，避免损失浪费。

（五） 管理投资收益

国有资本投入要以尽可能少的投入取得尽可能多的产品和投资回报。这就要求对经营性投资项目要及时验收，竣工投产，提供收益，按照规定的期限收回投资，实现投资的良性周转。按期回收投资、获得投资收益，是国有资产所有者的合法权益，也是国有资本扩大再生产的客观要求。

第四节　国有资本收益管理

一、国有资本收益管理的概念

（一）国有资本收益管理的原则

国有资本收益管理的原则，是确保国有资本所有者合法权益，落实企业经营权，规范国家和企业分配关系的基本准则。主要有以下原则。

1. 税利分流原则

税收收入和资本收入分流简称税利分流，是指对国有企业实现的利润分别以所得税和上缴利润的形式上缴国家财政的分配形式。税利分流原则有以下内涵。

（1）坚持税利分流

是基于社会主义国家双重身份、双重财产权利、双重职能的要求。一方面，国家作为社会经济管理者，要以国家主权所有的天然生产资料所有权为依据，履行社会经济管理职能，包括履行政治职能、社会职能、宏观经济调控职能和基础设施建设职能，表现为为社会生产和人民生活提供一般生产条件和生活条件。因此，国家应当以税收方式筹集财政资金。税收本质上是国家主权在经济上的体现。另一方面，国家作为国有资本所有者，要以国有资本所有权为依据，履行国有资本所有者职能，即代表全民行使国有资本财产权利，表现为通过加强国有资本的监督管理，维护国家所有者权益，通过国有资本运营实现国有资本的优化配置，通过国有企业建立现代企业制度改革促进市场经济的发展。因此，国家应当以国有企业利润的方式收取国有资本收益。国有企业利润本质上是国有资本财产权在经济上的体现。

（2）税收和国有企业利润有着不同的缴纳对象

税收是国家为了实现其社会经济管理职能，满足社会公共需要，凭借国家主权所有的天然生产资料所有权，为社会生产和人民生活提供不断完善的一般生产条件和生活条件，而进行的强制的、无偿的社会产品分配。其缴纳对象为各种所有制经济成分和所有社会成员。企业上缴利润是国家以生产资料所有者的身份，凭借资本所有权和占有使用权参与国有企业经营成果分配的一种形式，是国有资本所有权和占有使用权在经济上的实现形式。利润上缴的对象为国家出资企业和占有使用国有资本的经济主体。

（3）税收和国有企业利润体现了国家与企业之间不同性质的经济关系

税收体现了作为一般生产条件和生活条件提供者的国家，与各种经济成分和社会成员之间的关系。国有企业利润体现了作为国有资本所有者和占有使用者的国家，与作为授权后的国有资本占有使用者和经营者的国家出资企业之间的关系。

（4）税利分流有利于发挥税收和上缴利润两种分配形式各自的特点和作用

税收具有强制性、无偿性和固定性的特点，对于保证国家财政收入稳定增长、规范国家与所有经济成分之间的经济关系具有重要意义。国有企业上缴利润具有灵活性的特点，企业盈利水平由于主客观方面的原因是高低不一的，上缴利润的数额和比例可以根据具体情况加以确定，对于维护国家所有者权益，发挥国有经济主导作用和国有资本调节控制经济运行的政策作用，实现经济结构优化，更好地兼顾国家、企业和职工个人三者利益，调动各方面积极性，具有重要意义。

（5）将国有资本收益分配管理的对象确定为企业税后利润，是税利分流分配原则的具体体现

按照税利分流原则，国有企业实现利润不仅要分类收取，还应当分类管理、分类使用。要缴纳企业所得税，纳入一般公共预算，统一安排用于国家履行政治和社会职能的需要。所得税后利润依据各个相关产权主体的财产权利进行分配。国家依据出资所有权和占有使用权收取国有资本收益，纳入国有资本金预算，统一安排用于经济结构调整和国有企业发展。

2. 权责利对等原则

权责利对等是现代产权制度的核心。在现代产权制度下，国有企业的各个产

权主体都有各自的财产、职责和获得收益的权利。国有企业的出资人拥有资本所有权和占有使用权，履行出资和重大经营决策的职责，依据资本所有权和占有使用权获得收益；国有企业的董事会拥有管理要素的所有权，履行制订具体经营方案的职责，国有企业的各个产权主体同时又具有双重身份，出资人既是资本所有者，又是资本占有使用者，拥有资本所有权和占有使用权，有权以资本所有权获得出资收益即货币资本所有者收益，以占有使用权获得重大经营决策收益即企业主收益；董事会、监事会、经理层和劳动者既是普通劳动者，又是要素所有者，有权以基本工资收入形式获得劳动力财产收益，以绩效薪酬收入形式获得要素财产收益。

权责利对等原则是兼顾国家、企业和个人利益理论的进一步发展。国有资本收益分配体现着国有资本经营管理中各利益主体之间的产权关系。国家作为企业的出资人，企业作为国有资本的经营单位，职工作为社会财富——国有资本收益——的创造者，它们都有自身的财产和获得收益的权利。在国有资本收益分配中正确处理三者产权关系，是维护国家所有者权益，落实企业经营权，激励和调动企业经营者、劳动者积极性的基本要求。

3. 以国家为主体原则

国家作为国有资本所有者，享有所投资企业的剩余价值索取权，代表了全社会的最高利益，决定了其在国有企业利润分配中的主体地位。因此，国有资本收益分配必须确立国家的主体地位，国有资本收益分配的原则、核定方法、收取比例和管理制度应由国家制定，以切实维护国家所有者权益。

强调国家在国有企业利润分配中的主体地位，与统筹兼顾国家、企业、劳动者个人三者利益并不矛盾。兼顾国家、企业、劳动者个人三者利益，就是要在国有企业利润分配中确保国家的主体地位和国家所有者权益，反对各种形式对国家收益的侵蚀；确保企业法人财产权，使企业具有自我积累、自我发展的能力，真正成为市场主体和法人实体；维护劳动者的财产权利，坚持企业经营者和职工的劳动报酬与经营业绩和劳动成果相联系，职工收入水平的增长高于生活费用指数的上涨、低于劳动生产率增长。

4. 效率优先、兼顾公平原则

公平竞争、追求效率是市场经济的基本要求。国有企业建立现代产权制度是提高效率、实现公平的前提。国家出资人拥有资本要素所有权和表现为重大经营决策的要素占有使用权，经营者拥有经营要素的所有权，劳动者拥有技术要素的所有权，各个要素主体都有依据要素财产权参与企业税后利润分配的权利。只有确立各个要素主体的法律地位，明确其财产权利，在企业利润分配中体现其收益权，才能够调动出资人、经营者和劳动者努力搞好生产经营的积极性。

国有资本出资人依据所有权和占有使用权获得国有资本收益，经营者和劳动者在科学核定其基本工资的基础上，依据其经营要素和技术要素所有权获得参与红利分配的权利，通过科学核定其绩效工资的方式体现其收益权。依据要素财产权利分配利润，能够构建和谐的产权关系，实现要素投入与企业绩效挂钩，达到鼓励先进、鞭策落后，激发企业活力，提高国有资本运营效率，促进劳动生产率不断提高的目标。

为此，应完善对经营者的选聘、监督、考核和奖惩机制。企业经营者是具有专门知识和管理能力的人才，居于企业生产经营管理的中心地位。他们的工作责任大，所承担的风险也大，理应依据经营要素所有权获得基本工资以外的绩效工资。国外普遍采用的年薪制、期权制是值得借鉴的一种经营者薪酬制度。企业职工既是劳动力财产所有者，又是技术要素所有者，在企业内部分配中，应当根据职工劳动的质量、数量和贡献决定其基本工资和技术要素收益，彻底打破平均主义的"大锅饭"，切实激发和调动劳动者大胆创新和努力工作的积极性。

效率优先、兼顾公平，就是要坚持和完善以按劳分配为主体、多种分配方式并存的分配制度，走共同富裕的道路，防止两极分化。现阶段我国正处于体制转轨过程中，企业效益的高低不一定完全取决于企业自身的努力，还存在一些不平等竞争的因素。例如，产品价格尚未完全由市场机制决定、行业之间利润水平差别较大等。此外，应当正视对职工劳动贡献计量的误差，承认对国有企业老职工应当进行经济补偿。因此，需要政府发挥对收入分配的调控职能，减少不合理收入，防止收入差距过大。应当进一步完善国有企业经营绩效的考核评价指标体系和方法，完善岗位责任制和劳动定额管理，尽可能准确计量职工的劳动成果和贡献；积极运用价格、税收、补贴等手段控制工资水平，调节过高收入，实行最低工资标准制度等。

5. **正确处理积累和消费的比例关系的原则**

国有资本收益无论是集中于国家还是分配给企业，其使用方向均分为积累和消费两个部分。正确处理积累和消费的比例关系，其实质就是合理调整当前利益和长远利益的关系。

从宏观而言，国有资本收益分配管理的一项重要工作，就是根据国民经济和社会发展规划，合理确定积累与消费的比例关系，为保持国民经济持续健康发展创造条件。

从微观而言，企业则要处理好扩大再生产与当前收入水平提高的关系，以及企业长远发展壮大与企业职工眼前利益之间的关系。首先，利润分配不能侵蚀资本。利润的分配是对经营中资本增值额的分配，不是对资本金的返还。因此，在企业利润分配过程中，如果企业存在尚未弥补的亏损，应先弥补亏损，再进行其他分配以实现资本保全。其次，在积累与消费关系的处理上，应坚持积累优先，合理确定提取盈余公积金和分配给投资者利润的比例，使利润分配真正成为促进企业发展的有效手段。

目前，积累和消费比例关系的主要问题是企业消费比例过高，经营者短期行为严重，积累能力被削弱，对企业未来发展产生不利影响。因此，在国有资本收益分配上，应该深化国有企业利润分配制度改革，加强国有资本收益分配管理，针对国有企业建立起有效的监督、激励和约束机制，引导企业重视自身积累和长远发展，使企业具有追求长期效益及国有资本长期保值增值能力的内在动力。

（二）国有资本收益管理的意义

国有资本收益管理的意义，主要表现在以下几个方面（见表5-1）。

表 5-1　国有资本收益管理的意义

项目	主要内容
有利于促进资源优化配置	资源优化配置，是优化国民经济结构的重要方面。为国民经济健康发展提供良好的经济结构条件，是国有资本所有者的重要职能。国有资本收益的合理分配和再分配，是促进资源优化配置的最直接手段。通过国有资本收益的分配和再分配，合理调整国有资本存量和科学安排使用国有资本增量，直接调整国有经济布局和结构，可以有效发挥国有资本的主导作用、带动作用和影响力，促进产业结构、区域结构和产品结构的优化，促进资源的合理配置，为社会主义市场经济的健康发展创造良好的经济结构条件
有利于增加财政收入	为了实现物质资料再生产过程正常进行和不断扩大再生产，必须进行社会积累。国有资本收益是社会积累和扩大再生产的重要资金来源，是我国财政收入的重要来源。通过建立现代企业制度、加强国有资本监管、提高国有企业的创新能力和市场竞争力，国有资本收益将不断提高，国有经济的积累功能将不断增强，国有企业将对国家经济实力的提高发挥巨大作用，国有资本收益对国家财政收入和社会积累的贡献必将越来越大。通过合理分配和再分配国有资本收益，可以提供更多的财政收入，从而为产业结构调整优化、为增加公共产品供给、为国有经济发展壮大、为全体社会成员能够分享更多国有经济发展壮大所带来的红利，提供更多财源
有利于实现国有资本保值增值	国有资本保值增值是国有资本管理的基本任务。国有资本收益的高低取决于国有企业的生产经营效益，后者也最终决定了国有资本的保值增值程度。因而，深化国有企业改革，提高国有企业的盈利能力，是国有资本监管的基本任务。国有资本的保值增值离不开国有资本收益分配过程。国有资本收益分配不但是国有资本保值增值得以实现的最终环节，而且从分配在社会再生产中的地位来看，分配也反作用于生产，因而收益分配的实现也是国有资本得以不断保值增值的途径和条件。加强国有资本收益分配管理，确保国有资本收益及时足额收缴，建立和完善国有资本金预算，保证国有资本收益切实用于国有资本再投入，可以为国有经济的持续、稳定发展增强后劲，为国有资本长远保值增值奠定基础

项目	主要内容
有利于提高国有企业经济效益	加强国有资本收益分配管理，对于提高国有企业经济效益至关重要。按现代产权制度的要求，加强国有资本收益分配管理，能够确立各个产权主体的法律地位，界定其履行的职责范围，保障各产权主体合法权益。国有企业所得税后的利润，应首先分配货币资本收益；余下部分为红利，依据国有资本占有使用权、要素所有权和各产权主体履行职责的程度和要素贡献进行分配。劳动者的基本工资在企业成本中体现，国有资本占有使用权收益和要素财产收益在企业实现的红利中体现，从而将各个产权主体的职责、财产收益与企业的效益直接联系在一起，形成利益共同体。这种做法可以最大限度地激发各个产权主体正确履行职责的主动性，实现国有企业利润最大化的目标

（三）国有资本收益管理办法

1. 国有及国有控股企业利润分配管理

《企业财务通则》规定，企业年度净利润，除法律、行政法规另有规定外，按照以下顺序分配。

①弥补以前年度亏损。

②提取 10%法定公积金。法定公积金累计额达到注册资本 50%以后，可以不再提取。

③提取任意公积金。任意公积金提取比例由投资者决议。

④向投资者分配利润。企业以前年度未分配的利润，并入本年度利润，在充分考虑现金流量状况后，向投资者分配。属于各级人民政府及其部门、机构出资的企业，应当将应付国有利润上缴财政。

⑤国有企业可以将任意公积金与法定公积金合并提取。股份有限公司依法回购后暂未转让或者注销的股份，不得参与利润分配；以回购股份对经营者及其他职工实施股权激励的，在拟订利润分配方案时，应当预留回购股份所需利润。

⑥企业弥补以前年度亏损和提取盈余公积后，当年没有可供分配的利润时，

不得向投资者分配利润，但法律、行政法规另有规定的除外。

⑦企业经营者和其他职工以管理、技术等要素参与企业收益分配的，应当按照国家有关规定在企业章程或者有关合同中对分配办法作出规定，并区别以下情况处理。

第一，取得企业股权的，与其他投资者一同进行企业利润分配。

第二，没有取得企业股权的，在相关业务实现的利润限额和分配标准内，从当期费用中列支。

《企业财务通则》规范了职工激励制度。企业对职工激励包括即期的奖励和远期的股权激励两大类型。即期的奖励，本质上属于工资范畴，修订的《企业财务通则》规定通过调整内部分配制度来解决，或者作为销售提成而列入管理费用。远期的股权激励，本质上是企业现有投资者将既得权益让出一部分给职工，因此，在通过回购股份实施激励的情况下，应当与公司法的规定相一致，以可供投资者分配的利润解决。

作为规范企业财务行为的规章制度，修订的《企业财务通则》是所有国有及国有控股企业财务活动应当遵循的准则和规范，也是国有资产管理应当遵循的准则之一。从管理职能上看，财务制度体现着国家作为国有资本所有者和社会管理者，围绕企业财务管理要素对企业财务活动进行管理，而不是仅仅以国有股东身份针对国有资本的流动过程进行管理。从管理范围上看，财务制度适用的企业并不限于纳入国有资产监管机构监管的企业，它对非国有企业和实行企业化管理的事业单位也同样具有重要的指导作用。从管理对象上看，财务制度以企业法人为对象，而不是仅仅以国有资产为对象。因此，修订的《企业财务通则》与国有资产管理制度，无论从理论上来看，还是从实际需要上来看，两种制度都是不可互相取代的。

2. 国有产权转让收入管理

国有产权转让，是指国有资产监督管理机构、持有国有资本的企业（以下统称转让方）将所持有的企业国有产权有偿转让给境内外法人、自然人或者其他组织（以下统称受让方）的活动。企业国有产权，是指国家对企业以各种形式投入形成的权益、国有及国有控股企业各种投资所形成的应享有的权益，以及依法认定为国家所有的其他权益。

3. 企业清算收入管理

企业清算资产通过变价拍卖所取得的收入，在清理债权债务、扣除国家规定开支后的净结余资金，应作为产权收益上缴国家；被兼并的国有企业的资产，事先要进行全面的资产清查，扣除相关费用及清理债权债务后，所有余下的资产、资金和从接收单位收回的资金归属于国有资产产权收入。占有、使用国有资产的非全民所有制企业清算，国有出资单位应积极参与清理，按照出资比例，参与剩余财产的分配。

企业通过改制、产权转让、合并、分立、托管等方式实施重组，对涉及资本权益的事项，应当由投资者或者授权机构进行可行性研究，履行内部财务决策程序。

企业清算应组织开展以下工作。

①清查财产，核实债务，委托会计师事务所审计。

②制订职工安置方案，听取重组企业的职工、职工代表大会的意见或者提交职工代表大会审议。

③与债权人协商，制订债务处置或者承继方案。

④委托评估机构进行资产评估，并以评估价值作为净资产作价或者折股的参考依据。

⑤拟订股权设置方案和资本重组实施方案，经过审议后履行报批手续。

⑥企业采取分立方式进行重组，应当明晰分立后的企业产权关系。企业划分各项资产、债务以及经营业务，应当按照业务相关性或者资产相关性原则制订分割方案。对不能分割的整体资产，在评估机构评估价值的基础上，经分立各方协商，由拥有整体资产的一方给予他方适当经济补偿。

⑦企业可以采取新设或者吸收方式进行合并重组。企业合并前的各项资产、债务以及经营业务，由合并后的企业承继，并应当明确合并后企业的产权关系以及各投资者的出资比例。企业合并的资产税收处理应当符合国家有关税法的规定，合并后净资产超出注册资本的部分，作为资本公积；少于注册资本的部分，应当变更注册资本或者由投资者补足出资。对资不抵债的企业以承担债务方式合

并的，合并方应当制定企业重整措施，按照合并方案履行偿还债务责任，整合财务资源。

⑧企业实行托管经营，应当由投资者决定，并签订托管协议，明确托管经营的资产负债状况、托管经营目标、托管资产处置权限以及收益分配办法等，并落实财务监管措施。受托企业应当根据托管协议制订相关方案，重组托管企业的资产与债务。未经托管企业投资者同意，不得改组、改制托管企业，不得转让托管企业及转移托管资产、经营业务，不得以托管企业名义或者以托管资产对外担保。

⑨企业进行重组时，对已占用的国有划拨土地应当按照有关规定进行评估，履行相关手续，并区别以下情况处理。

第一，继续采取划拨方式的，可以不纳入企业资产管理，但企业应当明确划拨土地的权益，并按规定用途使用，设立备查账簿登记。国家另有规定的除外。

第二，采取作价入股方式的，将应缴纳的土地出让金转作国有资本，形成的国有股权由企业重组前的国有资本持有单位或者主管财政机关确认的单位持有。

第三，采取出让方式的，由企业购买土地使用权，支付出让费用。

第四，采取租赁方式的，由企业租赁使用，租金水平参照银行同期贷款利率确定，并在租赁合同中约定。

企业进行重组时，对已占用的水域、探矿权、采矿权、特许经营权等国有资源，依法可以转让的，比照前款处理。

⑩企业重组过程中，对拖欠职工的工资，医疗、伤残补助，抚恤费用，以及欠缴的基本社会保险费、住房公积金，应当以企业现有资产优先清偿。

企业被责令关闭、依法破产、经营期限届满而终止经营的，或者经投资者决议解散的，应当按照法律、法规和企业章程的规定实施清算。清算财产变卖底价，参照资产评估结果确定。

企业清算结束，应当编制清算报告，委托会计师事务所审计，报投资者或者人民法院确认后，向相关部门、债权人以及其他的利益相关人通告。其中，属于各级人民政府及其部门、机构出资的企业，其清算报告应当报送主管财政机关。

企业解除职工劳动关系，按照国家有关规定支付的经济补偿金或者安置费，除正常经营期间发生的列入当期费用以外，应当区别以下情况处理。

第一，企业重组中发生的，依次从未分配利润、盈余公积、资本公积、实收资本中支付。

第二，企业清算时发生的，以企业扣除清算费用后的清算财产优先清偿。

（四）国有资本收益收取比例核定

国有资本收益收取比例，是指国家财政部门通过制定国有资本收益收取管理办法，按行业类别确定国家出资企业应交利润收取比例，收取国有资本收益。国有资本收益的收取，是国家作为国有资本所有者拥有国有资本收益权的体现。

（五）国有资本负收益管理

国有资本负收益管理是指对国有企业亏损的管理。收益的对立面是负收益，即亏损。国有资本在经营过程中也会出现负收益现象。产生国有资本负收益的原因很多，概括起来可分为两大类：由于企业自身经营管理不善而造成的亏损，被称为经营性亏损；由于企业执行国家有关政策、为实现国民经济宏观效益或社会效益而造成的亏损，被称为政策性亏损。

一般来讲，经营性亏损要由企业自己负责，政策性亏损则应由国家根据政策规定进行弥补。对于出现经营性亏损的国有企业，国家一般不给予任何形式的财政补贴，而是由企业自己负责补亏。

实行股份制经营的企业，则应按出资各方的出资比例分担亏损或由以后年度税后利润来弥补。国家直接经营的企业，其经营性亏损按有关政策处理。

为了提高国有资本的经营效益，国有资产监督管理部门及国有资本运营公司作为国有出资人代表，应积极对待企业的经营性亏损，及时帮助企业分析亏损原因，促进亏损企业强化经营管理，制定扭亏措施，尽早摆脱亏损局面。

对于国有企业的政策性亏损，则必须由国家进行补贴。进行补贴时，财政部门和国有资产监督管理部门要认真核定具体的补贴范围、标准、形式和实施补贴的时间。

政策性亏损补贴的方式主要有定额补贴和计划补贴两种。定额补贴是先按产品核定单位亏损补贴额，再通过企业提供的产量或销量确定补贴总额。这种方式主要用于补贴国家对企业实行部分产品指令性计划所导致的政策性亏损。计划补贴则是按计划核定的亏损总额进行补贴，它主要用于企业发生全面政策性亏损的情况。

从管理而言，财政部门和各级国有资产监督管理部门应根据每年的实际情况在编制预算时认真反映和确定政策性亏损补贴。同时，还应对亏损企业实行亏损补贴包干责任制，尽量减少亏损，提高国有资本的营运效益。

二、国有资本经营预算

（一）建立国有资本经营预算的指导思想和原则

1. 指导思想

建立国有资本经营预算，通过对国有资本收益的合理分配及使用，增强政府的宏观调控能力，完善国有企业收入分配制度，促进国有资本的合理配置，推动国有企业的改革和发展。

2. 基本原则

建立国有资本经营预算，应坚持以下原则。

合法性原则：确保国有资本经营预算的编制和执行过程符合国家法律法规和政策要求。

效益性原则：追求国有资本的保值增值，提高国有资本的运营效率和盈利能力。

公开透明原则：国有资本经营预算的编制、执行和结果应向社会公开，接受公众监督。

全面性原则：全面反映国有资本的经营状况，包括收入、支出、资产和负债等各方面。

收支平衡原则：合理安排国有资本的收支计划，确保预算的平衡和可持续。

风险控制原则：建立风险评估和管理机制，有效防范和控制国有资本经营过程中的风险。

激励约束原则：通过预算管理建立有效的激励和约束机制，促进国有资本的合理配置和高效使用。

动态调整原则：根据市场变化和国有资本经营实际情况，及时调整预算，保证预算的适应性和灵活性。

统筹兼顾原则：在预算编制和执行中，要统筹考虑国有资本的长远发展和当前需求，兼顾各方利益。

规范操作原则：确保国有资本经营预算的编制、审批、执行和监督等各个环节规范有序，防止滥用和挪用。

（二）国有资本经营预算收入

国有资本经营预算收入，是指各级人民政府及其部门、机构履行出资人职责的企业（一级企业）上缴的国有资本收益。国家依法收取企业国有资本收益，具体办法由财政部门会同国有资产监管机构等有关部门制定，报本级人民政府批准后施行。

1. 利润

国有独资企业按规定上缴国家的利润。

2. 股利、股息

国有控股、参股企业国有股权（股份）获得的股利、股息。

3. 转让收入

企业国有产权（含国有股份）的转让收入。

4. 清算收入

国有独资企业清算收入（扣除清算费用），以及国有控股、参股企业国有股权（股份）分享的公司清算收入（扣除清算费用）。

5. 其他收入

（三）国有资本经营预算支出

国有资本经营预算支出方向和重点，应当根据国家宏观经济政策需要以及不同时期国有企业改革发展任务适时进行调整。具体支出范围依据国家宏观经济政策以及不同时期国有企业改革和发展的任务，统筹安排确定。必要时，可部分用于社会保障等项支出。国有资本经营预算支出应当服务于国家战略目标，除调入一般公共预算和补充全国社会保障基金外，主要用于以下用途。

1. 资本性支出

这是指根据产业发展规划、国有经济布局和结构调整、国有企业发展要求，以及国家战略、安全等需要，安排的资本性支出，包括：关系国家安全、国民经济命脉的重要行业和关键领域国家资本注入，重点提供公共服务、发展重要前瞻性战略性产业、保护生态环境、支持科技进步、保障国家安全，保持国家对金融业控制力，推进国有经济布局和结构战略性调整，解决国有企业发展中的体制性、机制性问题。

2. 费用性支出

这是指用于弥补国有企业改革成本等方面的费用性支出。解决国有企业历史遗留问题及相关改革成本支出。

3. 其他支出

这主要是指国有企业政策性补贴。

（四） 国有资本经营预算编制和审批

1. 预算编制

国有资本经营预算单独编制，预算支出按照当年预算收入规模安排，不列赤字。

2. 预算主体

各级财政部门为国有资本经营预算的主管部门。各级国有资产监管机构以及其他有国有企业监管职能的部门和单位，为国有资本经营预算单位。

3. 预算草案审批

各级财政部门商国资监管、发展改革等部门编制国有资本经营预算草案，报经本级人民政府批准后下达各预算单位。各预算单位具体下达所监管（或所属）企业的预算，抄送同级财政部门备案。

（五）　国有资本经营预算执行

1. 预算收入收取

国有资本经营预算收入由财政部门、国有资产监管机构收取、组织上缴。企业按规定应上缴的国有资本收益，应及时、足额直接上缴财政。

2. 预算资金拨付

国有资本经营预算资金支出，由企业在经批准的预算范围内提出申请，报经财政部门审核后，按照财政国库管理制度的有关规定，直接拨付使用单位。使用单位应当按照规定用途使用、管理预算资金，并依法接受监督。

3. 预算调整

国有资本经营预算执行中如需调整，须按规定程序报批。年度预算确定后，企业改变财务隶属关系引起预算级次和关系变化的，应当同时办理预算划转。

4. 决算报批

年度终了后，财政部门应当编制国有资本经营决算草案报本级人民政府批准。

（六）　国有资本经营预算的职责分工

1. 财政部门的主要职责

财政部门的主要职责是：负责制（修）订国有资本经营预算的各项管理制度、预算编制办法和预算收支科目；编制国有资本经营预算草案；编制国有资本经营预算收支月报，报告国有资本经营预算执行情况；汇总编报国有资本经营决算；会同有关部门制定企业国有资本收益收取办法；收取企业国有资本收益。财政部负责审核和汇总编制全国国有资本经营预、决算草案。

2. 预算单位的主要职责

预算单位的主要职责是：负责研究制定本单位国有经济布局和结构调整的政策措施，参与制定国有资本经营预算有关管理制度；提出本单位年度国有资本经营预算建议草案；组织和监督本单位国有资本经营预算的执行；编报本单位年度国有资本经营决算草案；负责组织所监管（或所属）企业上缴国有资本收益。

第六章 其他国有资产管理

第一节 资源性国有资产

一、资源性国有资产产权管理

(一) 资源性国有资产管理的原则

1. 合理开发、整体优化原则

自然资源的有限性决定了对其开发必须遵循合理开发、整体优化的原则。任何盲目开发、滥采乱掘，都会造成自然资源的损失、浪费和枯竭。因此，应当通过科学的规划，运用高科技手段，合理开采和充分利用自然资源，抑制不合理的消耗和浪费，产生最优的效益。

2. 明晰产权、落实经营权原则

自然资源的开发利用，必须明晰产权。自然资源所有权是国家对各种自然资源享有的占有、使用、收益和处分的权利。任何单位和个人都不能侵蚀自然资源的国家所有权，必须依法取得自然资源的开采权，加强科学研究，提高勘查水平，优化开采方法和工艺，按照国家规定缴纳资源税和资源补偿费，实行有偿开采。

3. 有序开发、加强调控原则

自然资源的开发利用，必须坚持计划管理。实行有计划的开采和利用制度，以国家开采为主，集体和个体开采为辅。开发与保护并重，防止环境污染和损失浪费。遵循经济规律，实现决策管理和运营科学化。

4. 培育产权市场原则

培育和发展资源开发权市场，促进生产要素合理流动是深化自然资源管理体制改革的重要工作。要加强国有资源的使用权、开采权的管理，必须重视资源产权市场的培育和完善。只有资源的开发权进入市场，其价值才能得到实现，从而使资源性国有资产实现合理配置。因此，资源使用权和开发权的转让和交易应当纳入市场经济轨道。

（二）国有土地管理

国有土地管理是指对国有土地的清理、规划、开发与保护进行计划、组织、协调与监督活动的总称。我国实行土地的社会主义公有制，即全民所有制和劳动群众集体所有制。城市市区的土地属于全民所有即国家所有；农村和城市郊区的土地，除法律规定属于国家所有的以外，属于集体所有；宅基地和自留地、自留山属于集体所有。国有土地管理的内容包括：

1. 土地所有权和使用权管理

土地所有权是土地所有者在法律规定的范围内对所拥有的土地享有占有、使用、收益和处分的权利。土地使用权是依法对土地进行利用的权利。

（1）土地使用权确认

全民所有制单位、集体所有制单位以及个人都可以依法取得除地下资源、埋藏物和市政设施之外的国有土地使用权，进行土地开发、利用和经营。单位和个人依法使用国有土地时，应由县以上地方人民政府登记造册，核发"国有土地使用证"，确认使用权。

（2）土地使用权出让

这是指国家以土地所有者的身份将土地使用权在一定年限内让于土地使用者，并由土地使用者向国家支付土地使用权出让金的行为。土地使用权的出让条件由市、县人民政府土地管理部门、城市规划和建设管理部门、房产管理部门确定，土地管理部门实施；土地使用权的出让合同由土地管理部门按照平等、自愿、有偿的原则与土地使用者签订；土地使用者交付土地使用出让金后，方可办理登记、领取土地使用证；土地使用者未按合同规定的期限和条件开发利用土地，土地管理部门可以实施纠正、警告、罚款、无偿收回土地使用权等措施；土地使用权出让可以采取协议、招标、拍卖等方式。

（3）土地使用权转让

这是指土地使用者将土地使用权再转移的行为，包括出售、交换和赠与。土地使用权转让时，应当签订转让合同，土地使用权的权利和义务随之转移；其地上建筑物、其他附着物所有权随之转让，但应办理过户手续；转让地上建筑物、其他附着物所有权时，其使用范围内的土地使用权随之转让，但地上建筑物、其他附着物作为动产转让的除外；土地转让价格明显低于市场价格的，市、县人民政府有权优先购买；土地使用权转让价格不合理上涨时，人民政府可以进行干预；改变土地用途的，应重签合同，办理登记。

（4）土地使用权出租

这是指土地使用者将土地使用权随同地上建筑物、其他附着物租赁给承租人使用，由承租人向出租人支付租金的行为。土地使用权出租应当签订租赁合同；出租人应当履行土地使用权出让合同并办理登记；未按出让合同规定投资开发和利用土地的，土地使用权不得出租。

（5）土地使用权抵押

土地使用权抵押时，其地上建筑物、其他附着物随之抵押；地上建筑物、其他附着物抵押时，其使用范围内的土地使用权随之抵押；抵押人与抵押权人应当签订抵押合同，并办理抵押登记；抵押人到期未能履行债务或在抵押合同期间宣告解散、破产的，抵押权人有权依照法律法规和抵押合同的规定处分抵押财产；因处分抵押财产而取得土地使用权和地上建筑物、其他附着物所有权的，应当按规定办理过户手续；抵押权因债务清偿或者其他原因而丧失的，应当按规定办理注销登记。

（6）土地使用权登记

县级以上人民政府土地管理部门负责对土地使用权的出让、转让、出租、抵押、终止及有关的地上建筑物、其他附着物进行登记和监督检查。

2. 外商投资开发经营成片土地管理

外商投资开发经营成片土地，是指外商在取得国有土地使用权后，依照规划对土地进行综合性的开发建设，然后进行土地使用权转让、经营公用事业，或者建设工业厂房以及配套的生产、生活服务设施等地面建筑物，并对这些建筑物从事转让或者出租的经营活动。对外商投资开发经营成片土地管理的规定包括：

①吸收外商投资开发经营成片土地的项目，应当由人民政府编制项目建议书或者可行性研究报告，并按批准权限审批。

②开发企业依法取得国有土地使用权，自主经营管理。开发企业与其他企业是商务关系。国家鼓励国有企业以国有土地使用权作为投资或合作条件，与外商组成开发企业。

③开发区域所在地人民政府依法向开发企业出让国有土地使用权。确定土地范围、用途、年限、出让金和其他条件，签订合同，并按审批权限报经审批。

④国有土地使用权出让后，其地下资源仍属国家所有，如需开发利用，应当按照国家有关法律法规进行管理。

⑤开发企业必须在实施开发规划并达到出让国有土地使用权合同规定的条件后，方可转让土地使用权。

⑥开发企业可以吸引投资者开发区域投资，受让国有土地使用权，举办企业。

3. 国家建设用地管理

国家建设用地，是指国家为进行经济、文化、国防建设以及兴办社会公共事业，需要使用国有土地或征用集体所有的土地。国家建设用地必须按照法定程序进行。

①申请与审批。建设单位须持国务院主管部门或县级以上地方人民政府批准的设计任务书或者批文，向被征用土地所在的地方人民政府土地管理部门提出申请，经政府批准后，由土地管理部门划拨土地。

②一个建设项目需要使用的土地，应当根据总体规划一次申请批准；分期建设的项目，应当分期征地，不得先征待用；铁路、公路、输油、输水等管线用地，应当一次申请批准，分段办理征地手续。

③国家建设用地，由用地单位支付土地补偿费和安置补助费。征用耕地的补偿费，按该耕地被征用前3年平均年产值的3~6倍计算；征用耕地的安置补助费，按照需要安置的农业劳动人口计算；每一农业人口的安置补助费，按该耕地被征用前3年平均每亩年产值的2~3倍计算，最多不得超过10倍；土地补偿费

和安置补助费的总和不得超过被征用土地前 3 年平均年产值的 20 倍。

（三）国有森林资源管理

1. 国有森林资源开发

国有森林资源开发，是指对国有森林资源进行合理采伐、科学培育、综合利用等各种利用国有森林资源的行为。其要求是：合理采伐，节约用材，营造防护林，建立用材林、经济林，建立国家森林公园。实行计划管理、限额采伐、防火防虫、因地制宜、义务造林和开发保护并重的原则。

2. 国有森林资源管理的具体分析

国有森林资源管理，是指对国有森林资源的清理、采伐、培育、经营保护等工作，进行计划、组织、调控和监督活动的总称。

①国家设立专职机构对国有森林资源进行统一管理。国务院设立林业部主管全国林业工作，各级地方政府设立林业部门管理本地区林业工作。其主要职责是：组织林业资源的调查、确认权属；制订林业发展规划和森林经营方案；监督森林采伐利用、培植种植和经营管理活动。

②国家设立林业执法机构维护林区治安，打击破坏森林资源的犯罪分子，保护森林资源。

③实行多种经营体制。对成片国有森林、林地等，主要由国营林业局、国营林场统一经营管理；对机关、团体、部队、学校，以及全民所有制的厂矿等单位营造的林木，由营造单位自主经营；对宜林荒山荒地，可以由集体或者个人承包造林。国家支付承包造林费的，所造林木归国家所有；其他情况除按承包合同规定外归承包者所有。

（四）国有矿产资源管理

国有矿产资源管理，是指根据国家法律法规对国有矿产资源进行勘查、开采、经营和保护等计划、组织、调控和监督行为的总称。矿产资源所有权是指国家对各种矿产资源享有的占有、使用、收益和处分的权利。矿产资源属于国家所有，国家对矿产资源拥有专有权。未经国家授权部门的批准，任何单位和个人不得擅自勘查、开采、买卖、出租、抵押和转让矿产资源。

1. 管理机构

矿产资源的管理机构是各级政府的地质矿产主管部门。其主要职能是：

①组织矿产资源的勘查，建立矿产资源档案；

②编制矿产资源综合开发利用和保护规划；

③指导依法勘查、开采、经营矿产资源的单位和个人开展业务活动；

④监督检查矿产资源法律法规的执行；

⑤配合司法部门打击各种破坏矿产资源的犯罪行为。

2. 开发管理

国有矿产资源开发管理，是指对国有矿产资源进行合理开采、综合利用、有效经营的管理活动，主要包括以下内容。

①计划管理。对矿产资源开发实行统一规划、统一登记、统一管理矿产资源资料。

②综合勘查、开采、利用管理。对主要矿产、共生矿、伴生矿进行综合勘查，综合开采，降低采矿成本，综合利用各种矿产。

③实行国营开采为主，集体和个人开采为辅。巩固和发展国有矿山企业，扶持引导集体和个体采矿。

④有偿开采管理。任何开采矿产资源的单位和个人，必须按照国家规定缴纳资源税和资源补偿费。

3. 保护管理

国有矿产资源保护管理，是指为防止国有矿产资源遭受破坏，而对国有矿产资源的开采经营进行的管理活动。

（五）国有草原资源管理

国有草原资源管理，是指对草原资源的开发利用、经营保护等方面进行计划、组织、调控和监督活动的总称。国有草原资源的管理包括以下内容。

1. 管理体制

国家对草原资源实行所有权与使用权适当分离的管理体制。

①草原的所有权和使用权受国家法律保护。国有草原可以由全民所有制单位使用，也可以由集体和个人承包从事畜牧业生产。

②实行草原所有权和使用权登记制度。由各级人民政府负责登记造册，核发证书，确认所有权和使用权。

③人民政府的农牧业主管部门负责草原资源的管理工作。其主要任务是：草原资源普查、建立档案、制定开发利用和保护规划、处理草原权属纠纷、监督草原法规的执行和打击破坏草原资源的犯罪行为。

2. 开发管理

草原资源的开发管理，是指对各种有效利用和培育草原资源活动的管理。其意义在于提高草原资源的经济效益和社会效益。管理内容主要包括：

①确定放牧强度，防止草原沙化或者退化；

②建立畜牧业基地，提高草场单位面积畜产品产量；

③发展人工草场，建立牧草繁育生产基地，丰富草场资源；

④合理开发利用草原灌木、药材、野生动植物和自然景观资源，提高草场利用综合效益，发展草原旅游事业。

3. 保护管理

国有草原资源保护管理，是指为防止和避免草原资源遭受污染和破坏的管理。管理内容主要包括：

①禁止开垦草原。禁止在草原上造田，防止水土流失和草原沙化。

②未经政府批准，不得在草原上挖采野生植物和药材等。

③建立草原防火制度和防治鼠虫害制度。

（六）国有水资源管理

国有水资源管理，是指对水资源的勘查、开发利用、保护等进行计划、组织、调控和监督等管理活动的总称。管理内容主要包括：

1. 管理体制

国家对水资源的管理实行统一政策、分级管理的体制。国务院水资源行政主管部门负责全国水资源的统一管理工作；各级人民政府的水资源管理部门负责本地区水资源的具体管理。其主要职责是：

①制定水资源开发利用和保护的规划，包括防洪、治涝、灌溉、供水、水力发电、水质保护、地下水勘探等的规划。

②建立取水许可证制度。除生活、畜禽饮用、自留地灌溉、灭火、水运、旅游和体育活动用水外，其他任何直接从地下或者江河湖泊取水的单位和个人，必须先向水资源管理部门申请取水许可证，获得国有水资源的使用权。

③实行有序开发、计划用水和有偿用水制度。建立健全水资源管理机构和管理经营责任制。

④建立水利工程管理制度。水利工程必须纳入国家统一管理。水利工程的举办要经国家有关部门审批，执行基本建设程序和有关规定；水利工程的费用核定、计收和管理应当执行国家规定。

2. 开发管理

国有水资源开发管理，是指对有效利用水资源活动的管理。综合开发利用水资源，提高水资源的综合效益，对国民经济的发展和人民生活水平的提高具有重要意义。国有水资源开发管理的主要内容包括：

①利用水资源开发新的生产领域。例如，开发水产养殖、畜牧、旅游等多种产业。

②充分利用水能资源，提高发电和通航能力。

③勘探利用地下水、矿泉水、温泉水。

④科学利用工业废水，治理废水污染，提高水资源的复利用率。

⑤完善农田灌溉设施和管理制度，提高灌溉用水的效率。

⑥对开发水资源进行综合经营的单位，给予一定的减免税优惠政策。

3. 保护管理

国有水资源保护管理，是指对防止和避免水资源、水利工程遭受污染和破坏等的管理活动的总称。其主要内容包括：

①保护森林植被，防止水土流失；禁止围湖造田、填河造田；

②禁止在江河、湖泊、内海、水库等水域取土、采沙、采石、采矿，或者倾

倒建筑垃圾、工业垃圾、生活垃圾和有毒污染物；

③禁止在堤防和护堤地建房、打井、挖窖、葬坟、开采地下水、考古发掘、爆破等危害水利工程安全的活动及开展集市贸易活动；

④禁止损毁堤防、护岸等防洪防涝设施和水文监测、通信照明设施。

二、加强资源性国有资产管理的对策

资源性国有资产是国民经济发展的基础，应当切实加强对资源性国有资产的管理，主要应当采取以下对策。

（一）加强国有资源价值管理，促进国有资源资产化

资源性国有资产是直接的生产要素，它构成资源性产品价值的主要部分，具有交换价值。国有资源作为直接生产要素，应当纳入市场经济的轨道。国有资源作为资源性产品的原材料本身具有价值，同勘探费用、开采费用和运营费用一样，应当计入资源性产品的成本，为所有者带来收益。

（二）加强资源性国有资产的产权管理，维护所有者权益

资源性国有资产的所有权属于国家，任何开采运营国有资源的单位，其经营收入中都包含着国家以资源作为资本投入所形成的资本收益。国家依据对国有资源的所有权，应当获得资源投资收益。国有资源的补偿，应当以资源税的形式加以规范和体现；国有资源作为资本的收益，应当以上缴资源利润的形式加以规范和体现；国有资源的勘探、开发和设备的投资收益，应当以上缴投资利润的形式加以规范和体现；作为一般生产条件和间接生产要素投入的收益，应当以所得税的形式加以规范和体现。

随着市场经济的建立，资源性国有资产的产权变动大量出现，必须加强管理。对土地使用权和采矿权的依法转让，应当实行产权变更登记；土地使用权和采矿权的折价出资，应当由财政部门审批，加强监督管理。

（三）加强资源性资产评估管理，建立科学的资源定价体系

资源性资产发生产权变动时，其价值也需要评估。目前，除土地使用权评估

办法已经比较成熟外，矿业权的评估正处于起步阶段，其他资源性资产的评估尚需要进一步探索。以矿业权的评估为例，矿产资源的价值应当包括地质勘探费、矿产资源自身价值和矿权价值（含地质资料成果价值）。因此，矿产资源评估，是以未来开发的矿床为对象，以矿业权为核心，以地质资料成果为基础的矿权价值的评估。

科学地评价资源价值是构建产权制度、实现资源综合管理的基础。科学的资源定价体系应由市场供求决定，包括资源产品开发、使用及出售。此外，还应考虑将资源的生态价值在价格中体现出来，从而使资源产品的特殊价值完全内在化，从实质上实现资源定价体系的精准化和有效性，确保资源配置的效率及社会效益最大化。

（四）健全法制，依法管理

国有资源的所有权归国家所有，任何单位和个人都不拥有所有权。当前，国有资源的开发利用和保护、收益管理，应当特别注意健全相关法律法规，坚持依法管理。对违反法律、侵犯国有资源所有权的行为，必须依法严厉打击。

第二节　行政事业单位国有资产

一、行政单位国有资产管理

（一）主要任务

行政单位国有资产，是行政单位完成工作任务的物质基础。行政单位国有资产管理的主要任务包括：

1. 建立健全规章制度

健全的规章制度是规范行政单位国有资产管理行为，使管理工作有法可依、有章可循的前提，也是管理工作系统化、规范化、法制化的重要保障。建立健全规章制度，从宏观方面来说，是要建立全国各级行政单位国有资产管理的制度框架；从微观方面来说，各主管部门和行政单位要建立健全单位内部国有资产管理的具体办法，完善国有资产管理责任制，加强内部管理和控制，以确保国有资产的安全和完整，防止资产流失。

2. 合理配置、有效使用

所谓合理配置，一是要按照国家行政工作的规律和要求，保证各项工作任务有充足的资源供给，尽量避免出现结构性失衡；二是要按照物尽其用的原则，对行政单位中长期闲置不用的资产积极进行调剂，加快资产的合理流动，实现优化配置，以充分发挥资产的最大效益。所谓有效使用，就是指国有资产在使用期内充分发挥其功能，在使用过程中力求避免无计划、轻管理、不维修、提前报废、任意处理或闲置等不良现象。

3. 保障国有资产的安全和完整

行政单位的职能是进行社会管理、提供公共服务，不以营利为目的，行政单位的国有资产是行政单位开展行政工作的物质保障。保障国有资产的安全和完整，防止国有资产流失，是行政单位国有资产管理工作中的一项基本任务。行政单位必须建立完整的账卡，以全面反映国有资产的存量状况；要严格管理制度，健全各项手续，明确使用责任，落实各项措施，使有资产管理做到制度化、程序化；要建立统计报告制度，及时掌握资产的使用及增减变动情况，对管理中发现的问题，要及时解决，以确保行政单位国有资产的安全和完整。

4. 国有资产的保值增值

行政单位用非经营性资产投入生产经营活动是在特殊历史条件下产生的一种行为。随着市场经济体制的建立和完善、政府职能的转变和财政改革的深入，行政单位的经营性活动将逐渐被取消。由于目前实际工作中客观上有一些行政单位还不同程度地拥有一定数量的经营性资产，这部分资产不能置于管理制度之外。财政部门和行政单位必须加强对未脱钩经济实体的国有资产的监管工作，堵塞漏洞，防止国有资产流失。

（二）管理原则

1. 资产管理与预算管理相结合

行政单位国有资产绝大部分是由财政预算资金形成的，财政预算资金安排的科学性、规范性，预算安排的资金量，直接决定了不同单位之间资产配置的公平性、合理性和资产配置的数量、质量。因此，预算管理是规范和加强资产管理，通过增量来调节、控制存量的最有效手段，只有将资产管理与预算管理紧密结合，才能真正抓好资产管理工作。同时，资产管理工作也是预算管理的一项基础性工作，有效开展资产管理工作，及时提供准确、完整的资产统计报告、资产清查和财务管理有关数据资料，作为财政部门编制部门预算、配置资产的依据，有利于深化部门预算管理改革，科学编制预算。因此，资产管理与预算管理相结合既是加强资产管理、从源头上控制资产形成的客观需要，也是细化预算编制、提高预算编制科学性的有效手段。

2. 资产管理与财务管理相结合

在会计要素中，"资产"占有非常重要的地位。资产管理是财务管理的有机组成部分，与财务管理是不可分割的。加强财务管理工作一项非常重要的内容，就是加强资产管理。同时，加强资产管理，有效开展资产管理工作，也有利于推动财务管理工作，提高财务管理水平。如果将二者割裂开来，将会导致资产管理与财务管理脱节，形成"两张皮"，既不能真正加强资产管理，也会影响财务管理工作。因此，资产管理与财务管理相结合既是加强资产管理，促进资产合理配置、有效使用的客观需要，也是加强财务管理、规范财务行为的有效手段。

3. 实物管理与价值管理相结合

实物管理与价值管理是资产管理工作的两个方面，实物管理主要侧重于保障实物资产的安全和完整，价值管理主要侧重于账务管理。账务管理为实物管理提供了根据，实物管理是账务管理的基础。实物管理与价值管理相结合的基本要求是账实相符、账账相符、账卡相符。因此，实物管理与价值管理相结合既是保障国有资产安全和完整的客观需要，也是加强资产的会计核算、保证账实相符的有效手段。

（三）管理机构及职责

1. 财政部门

各级财政部门是政府负责行政单位国有资产管理的职能部门，对行政单位国有资产实行综合管理。其主要职责是：

①贯彻执行国家有关国有资产管理的法律、法规和政策；

②根据国家国有资产管理的有关规定，制定行政单位国有资产管理的规章制度，并对执行情况进行监督检查；

③负责会同有关部门研究制定本级行政单位国有资产配置标准，负责资产配置事项的审批，按规定进行资产处置和产权变动事项的审批，负责组织产权界定、产权纠纷调处、资产统计报告、资产评估、资产清查等工作；

④负责本级行政单位出租、出借国有资产的审批，负责尚未与行政单位脱钩的经济实体的国有资产的监督管理；

⑤负责本级行政单位国有资产收益的监督、管理；对本级行政单位和下级财政部门的国有资产管理工作进行监督、检查；向本级政府和上级财政部门报告有关国有资产管理工作。

2. 行政单位

行政单位对本单位占有、使用的国有资产实施具体管理。其主要职责是：

①根据行政单位国有资产管理的规定，负责制定本单位国有资产管理具体办法并组织实施。

②负责本单位国有资产的账卡管理、清查登记、统计报告及日常监督检查等工作；负责本单位国有资产的采购、验收、维修和保养等日常管理工作，保障国有资产的安全和完整；负责办理本单位国有资产的配置、处置、出租、出借等事项的报批手续。

③负责尚未与行政单位脱钩的经济实体的国有资产的具体监督管理工作并承担保值增值的责任。

④接受财政部门的指导和监督，报告本单位国有资产管理情况。

3. 代理部门

财政部门根据工作需要，可以将国有资产管理的部分工作交由有关单位完成。有关单位应当完成所交给的国有资产管理工作，向财政部门负责，并报告工作的完成情况。各级财政部门和行政单位应当明确国有资产管理的机构和人员，加强行政单位国有资产管理工作。

（四）国有资产配置管理

1. 国有资产配置原则

行政单位国有资产配置应当遵循以下原则：严格执行法律、法规和有关规章制度；与行政单位履行职能需要相适应；科学合理，优化资产结构；勤俭节约，从严控制。

2. 按程序报批

对有规定配备标准的资产，应当按照标准进行配备；对没有规定配备标准的资产，应当从实际需要出发，从严控制，合理配备。财政部门对要求配置的资产，能通过调剂解决的，原则上不重新购置。经批准召开重大会议、举办大型活动等需要购置资产的，由会议或者活动主办单位按照有关规定程序报批。购置有规定配备标准的资产，除国家另有规定外，应当按下列程序报批：

①行政单位的资产管理部门会同财务部门审核资产存量，提出拟购置资产的品目、数量，测算经费额度，经单位负责人审核同意后报同级财政部门审批，并按照同级财政部门要求提交相关材料；

②同级财政部门根据单位资产状况对行政单位提出的资产购置项目进行审批；

③经同级财政部门审批同意，行政单位可以将资产购置项目列入单位年度部门预算，并在编制年度部门预算时将批复文件和相关材料一并报同级财政部门，作为审批部门预算的依据，未经批准，不得列入部门预算，也不得列入单位经费支出。

3. 依法实施政府采购

行政单位购置纳入政府采购范围的资产，依法实施政府采购。资产管理部门应当对购置的资产进行验收、登记，并及时进行账务处理。合并的单位，全部资产移交接收单位或者新组建的单位。合并后多余的资产由主管部门和财政部门核准处理。

（五）国有资产使用管理

国有资产使用管理的主要内容，见表6-1。

表6-1　国有资产使用管理的主要内容

项目	具体内容
建立健全使用管理制度	行政单位应当建立健全国有资产使用管理制度，规范国有资产使用行为，认真做好国有资产的使用管理工作，做到物尽其用，充分发挥国有资产的使用效益，保障国有资产的安全和完整，防止国有资产使用中的不当损失和浪费
定期清查盘点	行政单位对所占有、使用的国有资产应当定期清查盘点，做到家底清楚，账、卡、实相符，防止国有资产流失。应当建立严格的国有资产管理责任制，将国有资产管理责任落实到人。除法律另有规定外，行政单位不得用国有资产对外担保，不得以任何形式用占有、使用的国有资产举办经济实体
从严审批出租、出借	行政单位拟将占有、使用的国有资产对外出租、出借的，必须事先上报同级财政部门审核批准，未经批准，不得对外出租、出借。同级财政部门应当根据实际情况对行政单位国有资产对外出租、出借事项严格控制，从严审批。行政单位出租、出借的国有资产，其所有权性质不变，仍归国家所有；所形成的收入，按照政府非税收入管理的规定，实行"收支两条线"管理
提高资产利用率	对行政单位中超标配置、低效运转或者长期闲置的国有资产，同级财政部门有权调剂使用或者处置

（六）国有资产处置管理

行政单位国有资产处置，是指行政单位国有资产产权的转移及核销，包括各类国有资产的无偿转让、出售、置换、报损、报废等。

1. 需处置的国有资产范围界定

行政单位需处置的国有资产包括：闲置资产；因技术原因并经过科学论证，确需报废、淘汰的资产；因单位分立、撤销、合并、改制、隶属关系改变等原因发生的产权或者使用权转移的资产；盘亏、呆账及非正常损失的资产；已超过使用年限无法使用的资产；依照国家有关规定需要进行资产处置的其他情形等。

2. 严格履行审批手续

行政单位处置国有资产应当严格履行审批手续，未经批准不得处置。资产处置应当由行政单位资产管理部门会同财务部门、技术部门审核鉴定，提出意见，按审批权限报送审批。行政单位国有资产处置应当按照公开、公正、公平的原则进行。

资产的出售与置换应当采取拍卖、招投标、协议转让及国家法律、行政法规规定的其他方式进行。行政单位国有资产处置的变价收入和残值收入，按照政府非税收入管理的规定，实行"收支两条线"管理。

行政单位分立、撤销、合并、改制及隶属关系发生改变时，应当对其占有、使用的国有资产进行清查登记，编制清册，报送财政部门审核、处置，并及时办理资产转移手续。

（七）资产评估和产权纠纷调处管理

1. 资产评估

行政单位有下列情形之一的，应当对相关资产进行评估：

①行政单位取得的没有原始价格凭证的资产；

②拍卖、有偿转让、置换国有资产；

③依照国家有关规定需要进行资产评估的其他情形。

行政单位国有资产评估项目实行核准制和备案制。行政单位国有资产评估工作应当委托具有资产评估资质的资产评估机构进行。进行资产评估的行政单位，应当如实提供有关情况和资料，并对所提供的情况和资料的客观性、真实性和合法性负责，不得以任何形式干预评估机构独立执业。

2. 产权纠纷调处

产权纠纷是指由于财产所有权、经营权、使用权等产权归属不清而发生的争议。行政单位之间的产权纠纷，由当事人协商解决。协商不能解决的，由财政部门或者同级政府调解、裁定。行政单位与非行政单位、组织或者个人之间发生产权纠纷，由行政单位提出处理意见，并报经财政部门同意后，与对方当事人协商解决。协商不能解决的，依照司法程序处理。

（八） 国有资产统计报告管理

行政单位要建立资产登记档案，并严格按照财政部门的要求做出报告。

财政部门、行政单位要建立和完善资产管理信息系统，对国有资产实行动态管理。行政单位报送资产统计报告，应当做到真实、准确、及时、完整，并对国有资产占有、使用、变动、处置等情况做出文字分析说明。

财政部门与行政单位应当对国有资产实行绩效管理，监督资产使用的有效性。

财政部门应当对行政单位资产统计报告进行审核批复，必要时可以委托有关单位进行审计。经财政部门审核批复的统计报告，应当作为预算管理和资产管理的依据和基础。

财政部门可以根据工作需要，组织开展资产清查工作。可以根据国有资产统计工作的需要，开展行政单位国有资产产权登记工作。

（九） 国有资产监督检查管理

财政部门、行政单位及其工作人员，应当认真履行国有资产管理职责，依法维护国有资产的安全、完整。

财政部门、行政单位应当加强国有资产管理和监督，坚持单位内部监督与财政监督、审计监督、社会监督相结合，事前监督、事中监督、事后监督相结合，日常监督与专项检查相结合。

财政部门、行政单位及其工作人员违反相关规定，擅自占有、使用、处置国有资产的，按照国家有关法律法规处理。

二、事业单位国有资产管理

(一) 国有资产管理机构及职责

各级财政部门、主管部门和事业单位应当按照有关规定，明确管理机构和人员，做好事业单位国有资产管理工作。

1. 财政部门

各级财政部门是政府负责事业单位国有资产管理的职能部门，对事业单位的国有资产实施综合管理。其主要职责是：

①根据国家有关国有资产管理的规定，制定事业单位国有资产管理的规章制度，并组织实施和监督检查；

②研究制定本级事业单位实物资产配置标准和相关的费用标准，组织本级事业单位国有资产的产权登记、产权界定、产权纠纷调处、资产评估监管、资产清查和统计报告等基础管理工作；

③按规定权限审批本级事业单位有关资产购置、处置和利用国有资产对外投资、出租、出借和担保等事项，组织事业单位长期闲置、低效运转和超标准配置资产的调剂工作，建立事业单位国有资产整合、共享、共用机制；

④推进本级有条件的事业单位实现国有资产的市场化、社会化，加强事业单位转企改制工作中国有资产的监督管理；

⑤负责本级事业单位国有资产收益的监督管理；

⑥建立和完善事业单位国有资产管理信息系统，对事业单位国有资产实行动态管理；

⑦研究建立事业单位国有资产安全性、完整性和使用有效性的评价方法、评价标准和评价机制，对事业单位国有资产实行绩效管理；

⑧监督、指导本级事业单位及其主管部门、下级财政部门的国有资产管理工作。

2. 主管部门

事业单位的主管部门（以下简称主管部门）负责对本部门所属事业单位的国

有资产实施监督管理。其主要职责是：

①根据本级和上级财政部门有关国有资产管理的规定，制定本部门事业单位国有资产管理的实施办法，并组织实施和监督检查；

②组织本部门事业单位国有资产的清查、登记、统计汇总及日常监督检查工作；

③审核本部门所属事业单位利用国有资产对外投资、出租、出借和担保等事项，按规定权限审核或者审批有关资产购置、处置事项；

④负责本部门所属事业单位长期闲置、低效运转和超标准配置资产的调剂工作，优化事业单位国有资产配置，推动事业单位国有资产共享、共用；

⑤督促本部门所属事业单位按规定缴纳国有资产收益；

⑥组织实施对本部门所属事业单位国有资产管理和使用情况的评价考核；接受同级财政部门的监督、指导并向其报告有关事业单位国有资产管理工作。

3. 事业单位

事业单位负责对本单位占有、使用的国有资产实施具体管理。其主要职责是：

①根据事业单位国有资产管理的有关规定，制定本单位国有资产管理的具体办法并组织实施。

②负责本单位资产购置、验收入库、维护保管等日常管理，负责本单位资产的账卡管理、清查登记、统计报告及日常监督检查工作。

③办理本单位国有资产配置、处置和对外投资、出租、出借和担保等事项的报批手续；负责本单位用于对外投资、出租、出借和担保的资产的保值增值，按照规定及时、足额缴纳国有资产收益。

④负责本单位存量资产的有效利用，参与大型仪器、设备等资产的共享、共用和公共研究平台建设工作；接受主管部门和同级财政部门的监督、指导并向其报告有关国有资产管理工作。

4. 代理部门

财政部门根据工作需要，可以将国有资产管理的部分工作交由有关单位完成。

（二）国有资产配置和使用管理

1. 国有资产配置

事业单位国有资产配置是指财政部门、主管部门、事业单位等根据事业单位履行职能的需要，按照国家有关法律、法规和规章制度规定的程序，通过购置或者调剂等方式为事业单位配备资产的行为。

（1）国有资产配置的条件

事业单位国有资产配置应当符合以下条件：

①现有资产无法满足事业单位履行职能的需要；

②难以与其他单位共享、共用相关资产；

③难以通过市场购买产品或者服务的方式代替资产配置，或者采取市场购买方式的成本过高。

事业单位国有资产配置应当符合规定的配置标准；没有规定配置标准的，应当从严控制，合理配置。对于事业单位长期闲置、低效运转或者超标准配置的资产，原则上由主管部门进行调剂，并报同级财政部门备案；跨部门、跨地区的资产调剂应当报同级或者共同上一级的财政部门批准。

（2）财政性资金购置

事业单位向财政部门申请用财政性资金购置规定限额以上资产的（包括事业单位申请用财政性资金举办大型会议、活动需要进行的购置），除国家另有规定外，按照下列程序报批：

①年度部门预算编制前，事业单位资产管理部门会同财务部门审核资产存量，提出下一年度拟购置资产的品目、数量，测算经费额度，报主管部门审核；

②主管部门根据事业单位资产存量状况和有关资产配置标准，审核、汇总事业单位资产购置计划，报同级财政部门审批；

③同级财政部门根据主管部门的审核意见，对资产购置计划进行审批；经同级财政部门批准的资产购置计划，事业单位应当列入年度部门预算，并在上报年度部门预算时附送批复文件等相关材料，作为财政部门批复部门预算的依据。

（3）其他资金购置

事业单位向主管部门或者其他部门申请项目经费的，有关部门在下达经费前，应当将所涉及的规定限额以上的资产购置事项报同级财政部门批准。事业单位用其他资金购置规定限额以上资产的，报主管部门审批；主管部门应当将审批结果定期报同级财政部门备案。事业单位购置纳入政府采购范围的资产，应当按照国家有关政府采购的规定执行。

2. 国有资产使用

事业单位国有资产的使用包括单位自用和对外投资、出租、出借、担保等方式。

①建立健全内部管理制度。事业单位应当建立健全资产购置、验收、保管、使用等内部管理制度。要对实物资产进行定期清查，做到账账、账卡、账实相符，加强对本单位专利权、商标权、著作权、土地使用权、非专利技术、商誉等无形资产的管理，防止无形资产流失。

②执行审批程序。事业单位利用国有资产对外投资、出租、出借和担保等应当进行必要的可行性论证，并提出申请，经主管部门审核同意后，报同级财政部门审批。

③实行专项管理。事业单位应当对本单位用于对外投资、出租和出借的资产实行专项管理，并在单位财务会计报告中对相关信息进行充分披露。

④财政部门和主管部门应当加强对事业单位利用国有资产对外投资、出租、出借和担保等行为的风险控制。

⑤资产收入实行预算管理。事业单位对外投资收益以及利用国有资产出租、出借和担保等取得的收入应当纳入单位预算，统一核算，统一管理。

（三）国有资产处置管理

事业单位国有资产处置，是指事业单位对其占有、使用的国有资产进行产权转让或者注销产权的行为。处置方式包括出售、出让、转让、对外捐赠、报废、报损以及货币性资产损失核销等。

1. 严格履行审批手续

事业单位处置国有资产，应当严格履行审批手续，未经批准不得自行处置。

事业单位占有、使用的房屋建筑物、土地和车辆的处置，货币性资产损失的核销，以及单位价值或者批量价值在规定限额以上的资产的处置，经主管部门审核后报同级财政部门审批；规定限额以下的资产的处置报主管部门审批，主管部门将审批结果定期报同级财政部门备案。

财政部门或者主管部门对事业单位国有资产处置事项的批复是财政部门重新安排事业单位有关资产配置预算项目的参考依据，是事业单位调整相关会计账目的凭证。

2. 处置收入实施预算管理

事业单位国有资产处置应当遵循公开、公正、公平的原则。事业单位出售、出让、转让、变卖资产数量较多或者价值较高的，应当通过拍卖等市场竞价方式公开处置。

事业单位国有资产处置收入属于国家所有，应当按照政府非税收入管理的规定，实行"收支两条线"管理。

（四）产权登记与产权纠纷处理管理

1. 国有资产产权登记分析

事业单位国有资产产权登记（以下简称产权登记）是国家对事业单位占有、使用的国有资产进行登记，依法确认国家对国有资产的所有权和事业单位对国有资产的占有、使用权的行为。

事业单位应当向同级财政部门或者经同级财政部门授权的主管部门（以下简称授权部门）申报、办理产权登记，并由财政部门或者授权部门核发事业单位国有资产产权登记证（以下简称产权登记证）。产权登记证是国家对事业单位国有资产享有所有权，单位享有占有、使用权的法律凭证，由财政部统一印制。事业单位办理法人年检、改制、资产处置和利用国有资产对外投资、出租、出借、担保等事项时，应当出具产权登记证。

（1）国有资产产权登记的内容

事业单位国有资产产权登记的内容主要包括：

①单位名称、住所、负责人及成立时间；

②单位性质、主管部门；

③单位资产总额、国有资产总额、主要实物资产额及其使用状况、对外投资情况；

④其他需要登记的事项。

（2）国有资产产权登记的范围

事业单位应当按照以下规定进行国有资产产权登记：

①新设立的事业单位，办理占有产权登记；

②发生分立、合并、部分改制，以及隶属关系、单位名称、住所和单位负责人等产权登记内容发生变化的事业单位，办理变更产权登记；

③因依法撤销或者整体改制等原因被清算、注销的事业单位，办理注销产权登记。

各级财政部门应当在资产动态管理信息系统和变更产权登记的基础上，对事业单位国有资产产权登记实行定期检查。

2. 产权纠纷调处

事业单位与其他国有单位之间发生国有资产产权纠纷的，由当事人协商解决。协商不能解决的，可以向同级或者共同上一级财政部门申请调解或者裁定，必要时报有管辖权的人民政府处理。

事业单位与非国有单位或者个人之间发生产权纠纷的，事业单位应当提出拟处理意见，经主管部门审核并报同级财政部门批准后，与对方当事人协商解决。协商不能解决的，依照司法程序处理。

（五）资产评估与资产清查管理

1. 资产评估管理

（1）资产评估的范围

事业单位有下列情形之一的，应当对相关国有资产进行评估：

①整体或者部分改制为企业；

②以非货币性资产对外投资；

③合并、分立、清算；

④资产拍卖、转让、置换；

⑤整体或者部分资产租赁给非国有单位；

⑥确定涉讼资产价值；

⑦法律、行政法规规定的其他需要进行评估的事项。

（2）不进行资产评估的范围

事业单位有下列情形之一的，可以不进行资产评估：

①经批准事业单位整体或者部分资产无偿划转；

②行政、事业单位下属的事业单位之间的合并、资产划转、置换和转让；

③发生其他不影响国有资产权益的特殊产权变动行为，报经同级财政部门确认可以不进行资产评估的。

（3）资产评估机构

事业单位国有资产评估工作应当委托具有资产评估资质的评估机构进行。事业单位应当如实向资产评估机构提供有关情况和资料，并对所提供的情况和资料的客观性、真实性和合法性负责。事业单位不得以任何形式干预资产评估机构独立执业。

事业单位国有资产评估项目实行核准制和备案制。核准和备案工作按照国家有关国有资产评估项目核准和备案管理的规定执行。

2. 资产清查管理

事业单位有下列情形之一的，应当进行资产清查：

①根据国家专项工作要求或者本级政府实际工作需要，被纳入统一组织的资产清查范围的；

②进行重大改革或者整体、部分改制为企业的；遭受重大自然灾害等不可抗力造成资产严重损失的；

③会计信息严重失真或者国有资产出现重大流失的；会计政策发生重大更改，涉及资产核算方法发生重要变化的；

④同级财政部门认为应当进行资产清查的其他情形。事业单位进行资产清

查，应当向主管部门提出申请，并按照规定程序报同级财政部门批准立项后组织实施，事业单位资产清查工作的内容主要包括基本情况清理、账务清理、财产清查、损益认定、资产核实和完善制度等。

（六） 资产信息与报告管理

事业单位应当按照国有资产管理信息化的要求，及时将资产变动信息录入管理信息系统，对本单位资产实行动态管理，并在此基础上做好国有资产统计和信息报告工作。

事业单位国有资产信息报告是事业单位财务会计报告的重要组成部分。事业单位应当按照财政部门规定的事业单位财务会计报告的格式、内容及要求，对其占有、使用的国有资产状况定期做出报告。

事业单位国有资产占有、使用状况，是主管部门、财政部门编制和安排事业单位预算的重要参考依据。各级财政部门、主管部门应当充分利用资产管理信息系统和资产信息报告，全面、动态地掌握事业单位国有资产占有、使用状况，建立和完善资产与预算有效结合的激励和约束机制。

（七） 国有资产监督检查管理

财政部门、主管部门、事业单位及其工作人员，应当依法维护事业单位国有资产的安全和完整，提高国有资产使用效益。财政部门、主管部门和事业单位应当建立健全科学合理的事业单位国有资产监督管理责任制，将资产监督、管理的责任落实到具体部门、单位和个人。

事业单位国有资产监督应当坚持单位内部监督与财政监督、审计监督、社会监督相结合，事前监督与事中监督、事后监督相结合，日常监督与专项检查相结合。

财政部门、主管部门、事业单位及其工作人员违反事业单位国有资产管理相关规定的，依据《财政违法行为处罚处分条例》的规定进行处罚、处理、处分。

第三节　国有资产流失查处

一、国有资产流失查处机关和查处原则

（一）国有资产流失查处的性质

国有资产流失查处，是代表国有资产所有者的国家机关，对国有资产的出资者、占有者、经营者和管理者违法造成的国有资产流失行为，进行调查处理的职能性工作。建立合理的国有资产流失查处体制，是有效防止和制止国有资产流失，维护国家所有者权益的根本保证。国有资产流失查处，是一项重要的行政执法工作。

1. 查处的依据

国有资产流失查处的依据，主要是国家关于国有资产管理的法律法规和其他有关的财经法律法规。例如，《企业国有资产监督管理暂行条例》《国有资产评估管理办法》《中华人民共和国公司法》《中央企业资产损失责任追究暂行办法》和财务会计方面的规定等。

2. 查处的权力

查处国有资产流失案件必须拥有的权力包括：

①监督检查权，即对国有资产流失的个案和整体情况进行调查了解的权力。

②行政处罚权，即对造成国有资产流失的违法人员给予行政处罚的权力。

③制定法规权，即会同有关部门制定防止国有资产流失的法规和规章制度的权力。

3. 查处的基础

国有资产管理机构的基础管理工作，是查处国有资产流失的基本保证，国有资产流失查处是国有资产基础管理工作的进一步延伸。例如，产权登记工作可以

确认产权的性质，掌握国有资产的经营状况和产权变动情况；产权界定工作可以明确产权归属，排除流失的隐患；清产核资工作可以核定国家资本金、企业财产占有量；资产评估工作可以在企业改组、改制、兼并、拍卖、合资合作过程中，有效维护国有资产所有者的合法权益。

（二）国有资产管理机构的职责

国有资产管理机构是查处国有资产流失案件的主管机关，负责国有资产流失案件的综合管理工作。其主要职责应当包括：

①研究制定查处国有资产流失案件的政策和规章制度。

②汇总国有资产流失案件的查处情况，向本级人民政府报告。

③直接查处本级人民政府交办的国有资产流失案件。

④对企业国有资产的保值增值状况进行监督检查，发现国有资产流失问题，及时依法予以纠正。

⑤依照法定权限和程序处理国有资产流失案件，决定对违法人员的行政处罚。

⑥接受政府监察部门的执法监察，对查处不力、滥用职权、处罚不当或者侵犯企业合法权益的情况，承担相应的责任。

（三）企业的主要职责

这里的企业指的是国务院国有资产监督管理委员会（以下简称国资委）履行出资人职责的企业及其独资或者控股子企业（以下简称子企业）。其主要职责包括：

①研究制定本企业国有资产流失责任追究工作制度。

②负责管理权限范围内相关责任人的国有资产流失责任追究工作。

③指导和监督子企业资产损失责任追究工作。

④配合国资委开展特别重大和连续发生的重大国有资产流失责任追究工作。

⑤受理子企业处罚的相关责任人的申诉或复查申请；国资委交办的其他有关国有资产流失责任追究工作。

（四）国有资产流失查处原则

国有资产管理机构在查处国有资产流失案件过程中，应当遵循以下原则。

1.客观公正、依法查处

客观公正、依法查处原则，是国有资产流失案件查处所必须遵循的基本原则。这一原则贯穿于国有资产流失查处的整个过程。

（1）立案阶段

要求仔细审查举报材料，初步核实举报情况。依据适用的法律法规，对已经造成或者将要造成国有资产流失后果的违法主体，应当考虑受理立案；对于政策界限不清、法律没有明确规定的举报，应当采取慎重的态度。

（2）调查阶段

要求客观求实，以事实为依据。正确运用调查手段和措施，全面掌握国有资产流失情况，做到事实清楚、证据确凿、定性准确。发现其他违法违纪问题时，应当向有关机关反映报告；如果发现举报失实，应当向被调查单位和被调查人说明情况，必要时应在一定范围内予以澄清；对举报人有意诬告或者证人出具伪证、假证，触犯刑律的，应当移送司法机关处理。

（3）处理阶段

要求依法处分。对造成国有资产流失的直接责任人和主管负责人员，要给予恰当的行政处分和行政处罚；对妨碍或者逃避查处，或者组织策划他人实施违法行为的，要从重处理，给予重罚。

2.重在制止和挽回损失

制止和挽回流失的国有资产，是查处国有资产流失案件的主要目的。因此，对违法行为确实存在，而国有资产流失尚未形成的，必须予以制止；对国有资产流失已经形成，但仍有挽回可能的，必须采取挽回的措施。

①责令流失单位或出资单位停止和纠正造成国有资产流失的行为；制止他人不法侵权行为并要求赔偿；恢复原状，收回流失的国有资产。

②对违反法律和行政法规，损害国家利益，采取欺诈、胁迫或者恶意串通等非法手段签订的导致国有资产流失的合同，应当依法责令流失单位或者其出资单

位向人民法院或仲裁机构请求确认合同无效，或者确认合同部分无效。

③对本级政府主管部门或者下一级政府做出的导致国有资产流失的命令和决定，应当建议本级政府或下一级政府做出改变或者撤销的决定。

④对违法人员能够积极并及时纠正违法行为，主动挽回、减轻国有资产损失，或者积极配合查处工作、有立功表现的，应当从轻或者免予行政处分和行政处罚。

3. 依靠政府、相互配合

国有资产管理机构查处国有资产流失案件，应当在同级政府的领导下进行，并且注意与监督机构的合作配合。

①上一级国有资产管理机构查处发生在下一级管辖范围内的国有资产流失案件，一般应当请下一级国有资产管理机构参加；调查前后应当注意与下一级政府通报情况；需要进行行政处分时，应当向下一级政府提出建议。

②国有资产流失案件，大部分应当交由监督机构去调查，国有资产管理机构应当给予积极的配合。国有资产管理机构直接进行查处的案件，如果案情涉及监督机构，应当请上级监督机构派人参加调查；如果案情不涉及监督机构本身，应当邀请监督机构参加；对案件的处理应当与监督机构共同研究确定。

③国有资产管理机构在遇到重大、复杂的国有资产流失案件时，应当与监察、审计联合查处；对监察、审计部门查处的国有资产流失案件，国有资产管理机构应当积极配合；国有资产管理机构在制定国有资产流失查处规章制度时，应当充分听取监察、审计等部门的意见。

二、国有资产流失查处的程序

（一）受理

受理是指查处机关依照法律法规规定，对反映国有资产流失的线索和材料，接受并采取适当方式予以处理的活动。

1. 受理案件的来源

查处国有资产流失案件，可以从多种渠道取得线索和材料。主要来源如下（见表6-2）。

表 6-2　受理案件的来源

来源	具体内容
上级机关交办的案件	上级机关交办的案件，是指上级机关交由本级查处机关处理的国有资产流失案件的线索和材料。上级机关包括上级领导机关和本级机关所从属的政府及其领导
公民或组织检举、控告的案件	检举案件，是指公民或组织对造成国有资产流失的事实及其行为人的情况，向查处机关或其他机关揭发的案件。控告案件，是指在国有资产流失案件中，利益受到损害的人或组织，就自己受到的损害，向查处机关进行揭发、控诉的案件
违法违规者自述的案件	违法违规者自述的案件，是指在国有资产流失的案件中负有领导责任和直接责任的人员交代的线索和材料
有关机关移送的案件	有关机关移送的案件，是指与查处机关行政层次平行的其他行政部门移交本部门处理的国有资产流失案件
查处机关发现的案件	查处机关发现的案件，是指国有资产管理机构在日常工作中发现的国有资产流失案件

2. 受理案件的基本条件

受理国有资产流失案件的基本条件，主要有三条：

①流失的资产必须是国有资产，即国有单位的资产或财产，以及公司制企业、中外合资合作企业、联营企业和集体企业中的国家所有者权益。

②造成国有资产流失的行为人必须是对国有资产负有责任和义务的人员。

③造成国有资产流失的行为必须是违法违规的行为。

上述条件必须同时具备，才可以受理。

3. 受理程序

①及时办理。对个人举报、上级交办、有关部门转来的案件，要及时办理，不得推诿、扣压。

②保守秘密。对受理的案件内容和来源应当严格保密，不得向无关人员泄露。

③宣传教育。对待来访的举报人，工作人员应当耐心细致，宣传国家的法律

法规和有关的方针政策，使举报人正确行使自己的权利。

④初步核实。对案件线索和举报材料进行初步核实。

⑤及时转交办理。对不属于查处机关管辖范围的问题，应当及时转交有关部门办理，或者告知举报人到有关机关反映。

（二）初步核实

初步核实，是指查处机关对受理的国有资产流失案件，在立案前的初步调查核实活动。初步核实是立案前的调查，目的在于了解国有资产流失问题的真实性，为立案提供依据。

1. 核实准备

①分析案件的线索和材料。特别要注意案件的主要人物、时间、地点、重要的情节、关键的证据、需要查证的问题、需要了解的对象、需要配合的部门。

②根据案情需要，选派调查人员或者成立调查组。

③向有关领导请示汇报，或通报情况。

2. 核实步骤

①全面了解情况。调查人员要通过调查全面了解情况。特别要注意国有资产流失案件发生的背景和过程。

②找出问题的疑点和难点。

③核实重点问题，取得证据材料。

④确认调查的事实。

3. 初步核实后的处理

①决定立案。经初步核实，发现被调查人员违法违规行为和国有资产流失后果成立，应当追究责任的，应当立即决定立案。

②建议处理。经初步核实，发现被调查人员违法违规行为成立，但造成的国有资产流失轻微、正在采取措施挽回或者已经挽回，不需要追究责任的，应当建议有关部门做出适当处理。

③其他问题的处理。经初步核实，发现反映的问题不实，应当向被调查单位

说明情况，并采取以下措施。

第一，如向被调查人进行过了解，或者认为有必要，应当向本人说明情况。

第二，如给被调查人造成了不良影响，应当在一定的范围内予以澄清。

第三，被调查人在工作中做出显著成绩的，应向有关部门和单位反映。

第四，对错告的，应帮助检举人总结经验教训。

第五，对蓄意诬告、陷害的，应当对诬告和陷害者做出严肃处理。

（三）立案

1. 立案的条件

①国有资产流失事实成立。国有资产由国家所有转为非国家所有，或者国有资产遭受损毁，国家所有者权益受到了损害。

②违法违规行为成立。造成国有资产流失的责任人违法违规行为已经达到了应当追究责任的程度。

2. 立案的管辖

①一般管辖。按照"统一政策，分级管理"的原则，各级查处机关负责本级政府管辖范围内的国有资产流失案件的立案。

②特殊管辖。对于下级机关管辖范围内的国有资产流失问题，上级查处机关可以直接决定立案。特殊管辖的前提是：

第一，上级查处机关认为有影响的重大国有资产流失问题。

第二，下级查处机关不便查处或者无力查处的重大、复杂的国有资产流失案件。

第三，要求上级查处机关查处的国有资产流失案件。

③指令管辖。上级查处机关责成下级查处机关予以立案的国有资产流失问题。指令管辖的前提是：

第一，上级查处机关发现应当由下级查处机关立案而没有立案的国有资产流失问题。

第二，上级查处机关经过初步核实，认为符合立案条件的国有资产流失问题。

3. 立案的审批

立案是调查和处理的基础，因此立案的审批应当慎重。立案的审批工作包括以下环节。

①审查初步核实的结果，确定是否符合立案的条件。

②在充分讨论的基础上，做出立案的决定。

③由查处机关的负责人签批。

（四）调查

立案后的调查是初步核实基础上的正式调查。查处机关可以使用和采取法律允许的一切调查手段和措施，查清初步核实阶段没有解决的所有问题。查处机关可以使用的调查手段和措施包括：

①查阅、复制与案件有关的文件、资料，包括经济往来文书、财务会计凭证和账目等。要求有关单位和人员反映情况、提供材料。

②责令被查处单位的有关人员在规定的时间和地点，就国有资产流失问题做出解释和说明。

③暂予扣留、封存与案件有关的文件、资料、物品和非法所得。

④按照法定程序，核查与案件有直接关系的单位在银行或其他金融机构的往来账目及存款。

⑤对处于流失危险的国有资产采取临时监管措施。

⑥为查明案情，可以聘请有关单位或技术人员进行鉴定；需要审计和评估的，可以委托具有相应资格的社会中介机构组织进行审计和评估。

（五）处理

处理是指查处机关对国有资产流失的直接责任人和负有领导责任的人员，直接给予行政处罚，或者建议有关机构和部门给予行政处分的行为。处理的内容包括：

①行政处罚包括警告、通报批评和罚款三种形式。

②查处机关有权建议监督机构或有关部门，给予造成国有资产流失的责任人

行政处分。

③查处机关有权责令国有资产流失单位挽回损失、建议上级政府中止和废除下级政府导致国有资产流失的不当命令和决定。

④对查处机关做出的处罚决定，当事人不服的，可以按照《中华人民共和国行政复议法实施条例》申请复议，或者依照《中华人民共和国行政诉讼法》提起行政诉讼。

第七章　国有资产管理体制改革

第一节　中国国有资产管理的效率

一、资本收益

在总资产报酬率低于利率水平的情况下，净资产收益率怎么会高于利率水平呢？企业的资产是由出资人投入和负债两种方式共同形成的，资产创造的收入要在债权人和股权人之间进行分配，通常是债权人先取得固定水平的收益，股权人获得剩余部分。如果债务利率高于企业资产的收益率，股权人收益将会低于总资产的报酬率；反之，如果债务利率低于企业资产的收益率，股权人收益将会高于总资产的报酬率。企业股权人的收益率即净资产收益率，反映出资人或者企业所有者的收益水平。值得注意的是，地方国有企业在总资产报酬率明显低于利率水平的情况下，净资产收益率却能显著高于利率水平。这可能是统计方法造成的结果，也可能是因为地方国有企业得到了大量补贴融资的结果。

国有资本与民间资本相比，一个重要差别就在于国有资本的综合收益，政府通过税收等手段能够间接得到国有资本的收益，而这部分收益是不会体现在会计和统计数据中的，因此，前文基于会计数据的收益率评估方法可能会低估国有资本的收益水平。如果政府能够从国有资本的运营中获取间接收益，那么理论上这部分收益又会以政府投资的方式增加到国有企业的所有者权益之中，因而对国有企业所有者权益的增幅进行观测是评估国有资本收益水平的重要方法。

总的来说，从总资产报酬率和净资产收益率的角度来看，国有资本的收益是偏低的，但是从资本保值增值率、人均产出和固定投资增幅的角度来看，国有资本的收益似乎又不低。关于国有资本收益率有很多问题值得认真思考——国有资本收益的合理水平应该是多少？是否国有资本的收益率越高越好？如果国有资本的收益率低于民间资本的收益率，是否据此可以得出国有资本低效的结论？国有资本收益率的下限应该是无风险利率还是通货膨胀率？国有资本收益是否应该有个上限？国有资本的收益率是不是应该以达到或超过民间资本收益率为目标？关于资本收益的适度区间值得进一步深入讨论。

二、资本安全

资本安全是指国有资本不受威胁和免遭损失。可能造成国有资本损失的因素既有国有资本经营上的风险，又有国有资产的非法流失。国有资本的收益来源于国有企业的利润，国有企业利润则源于国有企业的营业收入，因而可以用国有企业营业收入的稳定性来评估国有资本在经营方面的安全性。

影响国有资本经营风险的一个重要因素是国有资本的布局，因为国有资本布局的合理分散化能够降低风险。合理的分散化能够降低国有资本收益的波动性，一些行业的利润下降被另一些行业的利润增加弥补。因此，通过合理的资本布局能够提高国有资本的抗风险能力，保障国有资本的安全。

财务杠杆比率是总资产与净资产的比率，反映企业负债的水平。财务杠杆比率在两个方面影响着国有资本的安全：一是财务杠杆越大，企业利润变化对资本收益的影响越大，即资本面临更大的收益风险；二是财务杠杆越大，企业遭遇财务困境和破产清算的风险越大，即资本所有者更有可能遭受损失。相比较而言，国有企业的财务杠杆比率过高，反映出较高的财务风险，对国有资本的安全造成威胁。特别是中央企业的财务杠杆系数更高，这也反映出中央企业相对较高的盈利水平可能是增加财务杠杆的结果，即通过承担更大的风险以获得更高的收益。

影响资本安全的另一个因素是国有资产的流失，特别是国有资产的隐性流失。国有资产的隐性流失是指国有资产在名义上或账面上存在，但实际上已被挪作他用，这种流失更多的是体现在国有资产收入的流失。资产的本质是创造现金流收入，国有资产的隐性流失会造成资产创造收入能力的下降，因此，可以使用国有企业收入总额与资产总额的比例来评价国有资产流失的状况。

总的来说，从营业收入变化率的角度来看，国有资本安全面临一定的风险；从财务杠杆比率的角度来看，国有资本安全面临的风险还是比较大的，虽然有政府的财政收入作为背书，但是国有企业的财务风险仍需谨慎控制；从总资产收入比率的角度来看，国有资本的经营效率明显不高，可能存在一定程度的国有资产隐性流失。

三、资本布局

国有资本布局是在各个行业产业、各种企业类型之间对国有资本进行合理化的配置，目标是提高国有资本收益、增强国有资本安全以及实现国家政策意图。关于国有资本在各个行业以及各种企业类型间的分布已经在国有资产管理体制现状部分进行了讨论，此处重点讨论国有资本布局实现国家政策意图的效果，即国有资本在保障国计民生、维护国家安全和提供国民装备方面的功能实现情况。

（一）确保国计民生的布局

国有资本要在涉及民生的重要行业中发挥作用。国有资本在重大基础设施建设方面的作用可以通过国有建筑业的发展指标来进行评价。

（二）维护国家安全的布局

国家安全包括能源安全、粮食安全和信息安全等。能源行业是国有资本投入的重点，粮食安全方面国有资本也起到了一定作用。国有农场的资产及产量逐年增加，从职工人数上来看劳动生产效率也在稳步提高。通信能力的快速发展一定程度上能够体现国有资本在保证通信安全方面的能力。

（三）壮大国民装备的布局

发展战略性前瞻性行业特别要提高国有资本在重点装备、信息通信、生物医药、海洋工程和节能环保等行业的影响力。

国有资本在布局时要突出国有资本的产业带动力。国有企业的新产品项目数在行业中的占比能够在一定程度上反映国有资本的产业带动力。

总的来说，国有资本在确保国计民生、维护国家安全和提供国民装备方面起到了积极的作用，但由于目前还缺少国有资本如何进行布局的详细标准和明确参考条件，对国有资本布局效果的评价仍是一个难题。

四、资本运作

通过对国有资本的运作，一方面提升国有资本的整合能力，另一方面提升资本的流动能力。资本整合是指利用资本产权市场通过收购、合并和联合等方式增强国有经济的效率和竞争力；资本流动是指通过清理低效无效资产和淘汰落后产能等方式改善国有经济的配置效率。

资本整合利用资源的优势互补和规模经济效应来提高资源的产出效率，成功的资本整合应当能够降低国有企业单位收入所需的管理费用。因此，可以用国有企业的管理费用率，即管理费用与营业收入的比率来评估国有资本运作的效果。

因为国有企业的规模和收入是不断变化的，所以仅观测管理费用数值的变化是不足以评估国有资本整合的效果的，因此通过同期国有及国有控股企业主营业务收入的变化率推导出管理费用率的变化率，管理费用率即管理费用与营业收入的比率，反映企业的管理效率。

国有经济的竞争力主要指其盈利能力和增长能力，具体体现为国有企业的利润率等指标。国有企业入围数量的比重下降，在一定程度上说明中国其他所有制企业的竞争力在迅速提高，并不能简单地认为国有企业的竞争力弱于其他所有制企业。

经济竞争力主要来自创新发展能力，企业创新发展能力的另一个体现就是专利申请的数量。培养在重点行业中的领军企业是国有资本运作的一个重要目标。

国有资本放大功能是指通过发展混合所有制企业等方式让等量的国有资本带动更大的经济规模。国有资本的良好运作能够带动更多的国有资产数量，运作良好能够吸引更多的债权人和其他股权人的投资，带来国有资产总量的稳步提升。

总的来说，从管理费用率、龙头企业的竞争力和国有企业进入 500 强的数量上来看，国有资本具有一定的运作能力，但是从成本利润率的角度来看，国有资本的运作能力仍具有比较大的提升空间。

第二节　国有资产管理体制改革的推进

一、深化国有资产管理体制改革的意义、原则和方向

（一）理论和现实意义

1. 巩固社会主义经济制度

国有资产作为国家事业发展的物质基础，能够保障人民的共同利益。马克思的资本理论为国有资产管理体制改革提供了重要的理论基础。公有制经济及其运行，需要有一定的社会机构来掌握和管理，实际上由劳动人民掌握的国家代表全民占有生产资料。随着经济社会的发展和技术文化等条件的改变，国家掌控和经营国有资产的方式必然要与时俱进，不断地改革以服务于社会主义事业的需要。

2. 促进社会主义市场经济发展

市场机制是迄今为止人类已知的最有效的资源配置方式。市场经济要求建立健全现代企业制度，需要明确的现代产权制度和公司治理安排作为保障，但是我国一些国有企业还未成为独立经营的市场主体，现代企业制度还不完善，国有资本运行的效率也亟待提高；一些国有企业的管理比较混乱，出现内部人控制、利益输送、国有资产流失等问题。通过国有资产管理体制改革健全国有企业的现代企业制度使其成为合格的市场主体，以符合我国基本经济制度和社会主义市场经济发展的要求。

3. 实现国家治理的现代化

国有资产是推进国家现代化的重要物质基础，是保障国计民生、提供国民装备、维护国家安全和增强国际竞争力的重要力量。通过优化国有资本布局结构、促进国有资产保值增值和维护国有资产使用者合法权益，推动社会主义现代化事业的尽快实现。面对国际竞争的压力和经济转型的挑战，国有资产管理的方式需

要不断优化，破除体制机制障碍，做优做强做大国有企业，才能真正有力地推动我国经济的持续稳定增长和产业升级至高端水平，实现中华民族伟大复兴的中国梦。通过国有资产体制改革，培育更多具有核心竞争力和国际影响力的骨干企业，增强国有资本对社会经济的贡献程度。

4. 增强国有经济的活力、控制力、影响力和抗风险能力

第一，增强国有经济的活力。公有制与市场经济的融合一直以来都是我国经济体制改革的重点，通过国有资产管理体制的改革使国有经济进一步融入市场经济之中，让市场机制决定稀缺的国有经济资源的配置，改革40多年来的实践经验表明，引入市场机制的领域会迅速地迸发出活力，价格机制和竞争机制会推动生产和技术的发展，福利和效率都会得到提升。国有资产管理体制改革将增强国有经济的活力，同时也将提高国有企业的绩效。

第二，增强国有经济的控制力。虽然市场可以在资源配置中起决定性作用，但市场有时也会出现"失灵"的情况。适宜的国有资产管理体制，不仅能够确保国有经济在符合国家战略的方向上发展，还能够将国有经济作为一种调节手段来保障整个国民经济的快速和健康发展。做好国有资产管理体制的顶层设计有利于国有资本更有效地发挥主导作用和控制功能，特别是在关系国家安全和国民经济命脉的重要行业领域中体现国有资本的控制力。

第三，增强国有经济的影响力。国有经济的发展不能独善其身，而要带动其他经济成分一起发展。国有资本与民间资本交叉持股、相互融合的混合所有制经济，是我国基本经济制度的重要实现形式。国有资产管理体制改革不仅在于推进国有企业改革和实现国有资本战略性调整，更重要的是实现国有资本和民营资本的双赢以及国有企业与民营企业的共同发展，进而实现国民经济持续稳定的增长。国有资产管理体制改革将放大国有资本的功能，增强国有经济的影响力。

第四，增强国有经济的抗风险能力。防止国有资产流失是当前国有经济管理工作中的一个重点。国有资产管理体制的改革需要维护国有资本安全，促进国有资本保值增值以及防止国有资产流失。保障国有资产安全需要国有资产管理体制的改革以完善防止国有资产流失的措施，做好国有经济管理体制的顶层设计是提高国有经济抗风险能力和解决国有资产流失问题的重要办法。

（二）原则和方向

1. 坚持社会主义方向

改革和完善国有资产管理体制要高举中国特色社会主义伟大旗帜，坚持中国共产党的领导，坚持社会主义基本经济制度和市场经济改革方向。社会主义的本质是解放生产力、发展生产力，国有资产管理体制改革要以解放和发展社会生产力为基本标准，坚持社会主义的生产目的是最大限度地满足整个社会增长的物质和文化需要。国有资产管理体制改革要体现中国特色，坚持解放思想、实事求是，总结国内成功做法，借鉴国外有益经验，勇于推进理论和实践创新，不照搬照抄国外经验和模式。

2. 坚持深化改革

全面深化改革的总目标是完善和发展中国特色社会主义制度，推进国家治理体系和治理能力现代化。完善国有资产管理体制是全面深化改革的一个有机组成部分，其根本目标是完善和发展中国特色社会主义制度，根本任务是解放和发展生产力，提升社会生产的数量和质量以满足整个社会的物质和文化需要。国有资产管理体制改革要坚持发挥市场机制在资源配置中的决定性作用，减少使用行政手段替代市场手段，坚持政企分开和政资分开的改革方向，推动履行社会公共管理职能的部门与企业脱钩，确立国有企业的市场主体地位。

3. 坚持提升国民经济效率

完善国有资产管理体制能够促进国有经济的有效运行，能够规范和协调国民经济发展中所涉及的复杂社会经济关系，提高国民经济运行的效率。国有资产管理的着眼点不局限于巩固和发展国有经济，更要注重提高整个国民经济的效率，目标在于促进国民经济持续稳定健康发展。

国有资产管理体制改革要利用国有经济的影响力推动社会主义市场经济体系和现代企业制度的完善，进而推动中国特色社会主义事业的建设和发展。

4. 坚持以管资本为主

随着社会主义市场经济体制的完善和国有企业现代企业制度的完善，我国国有资产管理体制从对国有企业中"人、事和资产"的管理逐步转向对国有资本的管理。现代产权制度要求政企分开和政资分开，政府对国有企业主要行使资本所有者的职能，健全的公司治理结构和安排能够为以管资本为主加强国有资产监管的目标实现提供保障。国有资产管理体制改革要放大国有资本的功能，增强国有经济的影响力，并且要实现国有资本和民间资本的取长补短和相互促进，推动国有企业与民营企业的共同发展。

二、推进国有企业改革，完善现代企业制度

国有资产经营的基本单位是国有企业，国有资本各项功能的实现要依靠国有企业的有效运转。国有企业改革的总方向是建立现代企业制度，对国有企业及其资产的运行要由国有资产管理机构的直接监督转为依靠制度和市场来监督。国有资产管理机构的工作重点应是推进各项现代企业制度的建立和完善，而不是直接管理国有企业的人、事、资产及各类经营活动。企业的人、事和资产等能由市场管理的事项都要交由市场管理，这也是让市场机制对资源配置起决定性作用的题中应有之义。

（一）推进国有企业的分类改革

根据国有资本的战略定位和发展目标，需要将国有企业实行分类监管。根据企业在经济社会发展中的作用特点，将国有企业分为商业类和公益类。通过界定功能和划分类别，对不同类型企业的改革内容、发展方向、监管重点和责任考核都要有所不同。国有企业要同市场经济深入融合，实现国有企业经济效益和社会效益有机统一。商业类国有企业应当按照市场化要求实行商业化运作，主要目标设定为增强国有经济活力、放大国有资本功能和实现国有资产的保值增值。商业类的国有企业应当依法独立自主开展生产经营活动，在市场竞争中优胜劣汰，根据市场需要有序进退。对于充分竞争行业和领域的国有企业，监管考核的重点是经营业绩指标、国有资产保值增值和市场竞争能力。对于关系国家安全、国民经济命脉的重要行业和关键领域、主要承担重大专项任务的商业类国有企业，在国有资本保持控股地位的同时，支持非国有资本参股。自然垄断行业的国有企业，

可以根据不同行业特点实行网运分开、放开竞争性业务，促进公共资源配置市场化，坚持政企分开和政资分开，可以进行特许经营并加强政府监管。需要实行国有全资的企业，在考核经营业绩指标和国有资产保值增值情况的同时，应当加强对保障国家安全和国民经济运行、服务国家战略、发展前瞻性战略性产业以及完成特殊任务方面的考核。

（二）推进公司制和股份制改革

现代企业制度的规范形式是所有权与控制权相分离的法人企业，即有限责任公司和股份有限公司。国有企业公司制和股份制改革的工作重点是大力推动国有企业改制上市，积极引入各类投资者实现股权多元化，各种类型的资本所有者按照股权比例的多少分别享有不同的权益。依据企业不同的功能定位，国有资本可以选择不同的投资比例，可以控股也可以参股，无论采取哪种形式都是公有制的实现形式。在充分竞争行业和领域的国有企业，原则上都要实行公司制股份制改革，积极引入其他国有资本或各类非国有资本实现股权多元化，国有资本可以绝对控股、相对控股，也可以参股，并着力推进整体上市。在产权多元化的基础上，建立股东大会作为企业的最高权力机构，目标是形成股权结构多元、股东行为规范、内部有效监督、运行灵活高效的经营机制。国有企业的股份制改革要创新发展，可以尝试将部分国有资本转化为优先股，并且探索建立国家特殊管理股制度，提高国有资本收益的同时加强国有资本安全。股份制有利于集中社会各个方面的资金，实现资本的集聚，满足大型工程和建设项目对巨额资金的需求，有利于维护各方面的利益，调动各方面特别是广大劳动者投资创业的积极性，同时有利于实现政企分开和政资分开，避免政府对企业不必要的行政干预，使企业成为独立的市场竞争主体。

（三）健全公司法人治理结构

公司治理是通过构造合理的企业内部治理结构和打造有效的治理机制来最大限度地解决公司各种委托代理问题，实现公司价值的最大化。国有企业应当建立完善的内部监督体系，以董事会建设为重点建立健全协调运转并且有效制衡的决策执行监督机制，充分发挥董事会的决策作用、监事会的监督作用并且合理规范董事长和总经理行权行为。国有企业公司治理改革的主线就是要从"政府控制为主"向"企业自治为基础"转变。公司治理结构改革的重点就是推进董事会建设。通过董事会的建设让国有企业实现规范的公司治理，杜绝董事会形同虚设和"一把手"说了算的现象。国有企业的董事会和监事会应当有来自职工的代表，外部董事应占董事会中的多数，实现董事会内部的制衡约束。改进董事会和董事评价办法，强化对董事的考核评价和管理，对重大决策失误负有直接责任的要及时调整或解聘，并依法追究责任。

（四）完善激励与约束机制

完善对企业经营者的激励与约束机制，在国有企业管理人员的报酬结构中引入反映企业价值增长的远期因素，可以使用股权和股票期权来对企业管理人员进行激励。同时利用职业经理人市场的竞争机制，推进国有企业委托—代理问题的解决。公开上市交易形成的股票价格能够反映经营者管理企业的努力程度，特别是在公司面临敌意收购时，经营者必须努力工作以提高公司股票价格，因此，公司经营的好坏与经理人的自身利益切实联系起来，经理人只能认真做好管理工作，完成董事会的目标。国有企业也可以实行员工持股制度，特别是对企业经营业绩和持续发展有直接或较大影响的科研人员、经营管理人员和业务骨干应当适当持有股权。

（五）利用资本市场的功能

资本市场具备股东监督职能能够推进国有企业的公司治理。资本市场有利于企业重组。企业可以通过股份转让实现公司的重组，以调整公司的经营结构和治理结构，有助于提高公司的经营效率和发展能力。资本市场是一个竞争性的市场，只有那些有发展前途且经营状况良好的企业才能在资本市场上立足。因而资本市场能够筛选出高效率的企业，资本市场的竞争也能激励企业更加有效地改善经营管理，促进了资源的有效配置和有效利用。股权越集中，股东在公司治理方面发挥的积极作用越大，委托代理问题相对越小。外部资本市场对公司治理的影响机制表明，国有企业应当推进股份制改革，推动国有企业上市。经营性国有资产集中统一监管有助于实现国有股东对经营者的有效监管，应逐步将党政机关、事业单位所属企业的国有资本纳入经营性国有资产集中统一监管体系。国有资产管理体制改革还应加快建立健全股权流转和退出机制，健全完善国有资本合理流动机制。

（六）防止国有资产流失

防止国有资产流失，是当前国有资产管理工作的一个重点。监督国有资产安全和防范国有资产流失的关键在于建立完善有效的监督机制，包括内部监督、外部监督和社会监督机制。完善的内部监督应具备完善的企业内部监督体系，监事会、审计、纪检监察、巡视以及法律、财务等部门的监督职责明确。董事会能否充分发挥作用，在很大程度上决定着公司治理的有效性，决定着现代企业制度建设成败。建立健全权责对等、运转协调、有效制衡的决策执行监督机制，良好的公司治理还表现为董事长、总经理行权行为规范，董事会的决策作用、监事会的监督作用、经理层的经营管理作用能够得到充分发挥。董事会和监事会均有职工代表，董事会外部董事占多数，一人一票表决制度得到落实。对董事的考核评价和管理完善规范。外部监督的目标是健全国有资本审计监督体系和制度，以及对企业国有资本的经常性审计制度。出资人监管、外派监事会监督和审计、纪检监察、巡视等监督力量高度整合，监督工作会商机制运行流畅。监督意见反馈整改机制健全，形成监督工作的闭环。社会监督要实现国有资产和国有企业信息公开制度完善，设立统一的信息公开网络平台，依法依规、及时准确披露国有资本整体运营和监管、国有企业公司治理以及管理架构、经营情况、财务状况、关联交易、企业负责人薪酬等信息。人民群众关于国有资产流失等问题的来信、来访和检举得到认真处理，社会关切得到及时回应。媒体舆论监督作用得到充分发挥，能够有效保障社会公众对企业国有资产运营的知情权和监督权。

三、明确国有资产管理目标，放大国有资本的功能

公司治理理论表明，资产经营管理的根本目标是使所有者的权益最大化。国

有资产经营管理的目标是国家利益的最大化，经营性国有资产的管理目标可以表述为国民经济持续、健康、稳定的发展。当前国有资产管理体制改革就是要坚持放大国有资本的特殊功能，实现民间资本在市场自发条件下无法完成的活动，弥补市场的缺陷。具体来说，当前的国有资产管理体制改革应当重点放大国有资本在确保国计民生、壮大国民装备、保证国家安全和增强国际竞争力四个方面的功能。

（一）确保国计民生

国有资本是发展国家事业和提高人民生活水平的保障。由于"搭便车"问题，市场无法对非竞争、非排他的产品收费，因而不会进行生产，这时需要政府来提供国计民生所需的公共物品。虽然有些类型的准公共产品可以收费，但按市场价格收费会导致该类产品或服务的消费不足进而损害整体经济的效率，因而需要政府参与提供该类产品。政府可以通过订购的方式将公共产品的生产交给私人企业，但是由于不完全契约问题导致采购合同太复杂以致现实中难以签订执行，因此，政府建立国有企业直接生产的方式更有效率。有些具有较大正外部性的项目，其收益不能完全补偿其直接成本，但对扩大国民总收入的作用很大以及一些虽然对国民收入贡献极少但社会价值巨大的项目，也应由国有企业来进行提供。自然垄断型的产业往往需要大规模和长期的资本投入，民营企业无力投资或投资不足，即使有私人资本进行经营，其利润最大化的经营策略也难免会造成社会福利的损失以及抑制技术的进步。国有资本能够兼顾经济目标和社会责任目标，国有资本在经营自然垄断性产业时可以从福利和效率的角度而不是从财务盈利的角度来设定其产品的价格，从而提高社会总福利。国有资本还是解决消费者和厂商对自然垄断产业产品的信息不对称问题的有效手段，国有资本的社会责任目标能降低生产者的道德风险，更倾向于保持产品质量并维护消费者权益。

（二）壮大国民装备

国民装备是指国有资本为经济社会的发展提供硬件和软件两个方面的支持保障，硬件支持主要是指产业培育和升级，软件支持主要是指对制度的替代和补充。技术密集型产业前期研发费用非常高且具有很高的风险，生产技术具有很强的正外部性，因而需要国有资本的积极参与。国有资本通过建立竞争优势或完善市场基础设施的方式能够直接或间接地塑造产业竞争力，迅速有效地吸收创新成果，满足不断增长的市场需求并获得较高的持续发展速度，并提升经济增长质量。从产业关联角度来看，国有资本的"溢出效应"能够为产业和经济发展带来正的外部性，促进产业的升级和优化。对于发展中国家来说，应当通过国有企业保护国内幼稚产业和促进产业结构优化以免受外部冲击，实现国民经济的稳定发展。在中国市场经济体制并不十分完善的情况下，国有资本是政府参与经济和干预经济的重要工具和手段。市场虽然是有效的资源配置方式，但市场发育不全可能造成资源配置效率不足，国有资本能够一定程度上弥补市场机制的不完善。当市场没有形成完整的体系时，产品市场和资本市场的不确定性会导致民营企业的预期利润降低并无法在短期内退出市场，民营企业为了规避风险因而投资规模可能不足，此时作为风险中性的国有资本应当带动高风险产业乃至整个经济的发展。在市场经济制度并未完全建立时，民间资本所具有的社会契约破坏动机会损害社会效率，而国有资本则能够缓解这种社会效率损害所带来的负面影响。在税收制度无法有效控制收入分配时，国有资本应当通过国有企业的高产出和低价格实现低收入阶层社会福利的增加，从而实现国家公平目标。在社会福利与公共财政体制并不完善的条件下，国有资本较民间资本而言可以具有更强的社会福利效率。国有资本还是政府与市场联系的纽带，有助于政府了解市场，推动法律、产权和资本市场等相关制度建设提高经济绩效。此外，单纯依靠市场机制难以实现国家的赶超目标，需要采取国家主导下的赶超战略，国有资本正是实施这一战略的重要制度安排。

（三）保证国家安全

国有资本是保障国家安全的重要力量和手段。有些经济领域由于其特殊的重要性而不能让非国有资本控制，例如，关系国家安全的通信、金融、能源和军事工业等。如果由外国资本进入本国经济领域掌握和控制大量重要资源时，国家安全就会受到威胁。由于国有资本本身也是稀缺资源，因而国有资本应当集中在能源、国防和通信等关键领域和行业，负担重要的能源和资源生产，并提供基础电信服务。军事工业需要国有资本的完全控制来保障国防安全。国有资本还应在经济危机时挽救民营经济，起到干预调节宏观经济以实现经济安全的作用。实践表明，国有资本在保证国民经济持续健康发展中发挥着重大作用，是抵御国际经济风险、维护国家经济安全的主要力量，是发展国民经济的重要支柱。在应对重大自然灾害和事件中，在参加定点扶贫与支援边疆建设中，国有资本都要发挥关键作用。

（四）增强国际竞争力

国有资本的国际竞争力，一方面体现为国有企业的竞争力，另一方面体现为国有经济主导的国家经济环境竞争力。市场经济中存在着一些规模大、固定资本投入多、专用性强的行业，由于进入和退出障碍比较大以及需要统一网络、规划和标准，民间资本实力不足而无力投资或投入不足，国有资本应当投入这些行业使之获得足够的投入，形成较强的国际竞争力。在经济衰退和危机时期，国有资本应当通过挽救危机中濒临倒闭的民营企业以起到稳定经济的作用，阻止经济危机的进一步扩大。国有资本对国民经济的稳定作用能够提高一个国家经济环境的竞争力。市场经济越发达，社会化程度就越高，国家对经济的宏观调控就越重要，相对于财政、税收和货币政策等干预手段，国有资本具有其独特的优势。

四、依据国有资本特点推进混合所有制发展

发展混合所有制的目标不仅在于推进国有企业改革，实现国有资本战略性调整，更重要的是要实现国有资本与民营资本的双赢、国有企业与民营企业的共同发展，进而实现国民经济持续稳定增长。只有各种所有制资本取长补短、相互促进、共同发展，混合所有制改革才能真正成功。如何实现不同所有制资本的取长补短？要辨析国有资本和民营资本的各自特点，明确国有资本和民营资本的优势所在和弱势所在。

（一）正确认识国有资本的特点

国有资本具有资本的一般属性，具有增值性、逐利性和流动性等特点。国有

资本与民间资本一样都要应用投资组合的理论以收益风险的最小化为目标，都要履行出资人的责任，致力于公司治理，解决代理问题。国有资本虽然与普通的民间资本一样追求自身增值，但其也有服务国家利益的特殊性。与一般的民间资本相比，国有资本具有以下 3 个特点。一是国有资本要实现一定的社会政策目标。国有资本的所有权属于国家，因而不仅限于资本本身固有的增值目标，还要满足政府的社会政策目标，在国民经济中扮演重要角色。二是国有资本具有更大的风险承受力，出现困难时能够得到政府的财政支持，具有更强的抵御风险能力。三是国有资本具有强大的增资能力。国有资本特殊的增资渠道包括财政拨款、财政补贴、财政担保、国际金融市场发行主权债券和接受外国政府贷款等。与国有资本相比，民间资本受制于规模和承担风险能力的有限性，过度重视短期自身利益，因此，私人资本在执行国家产业政策、推动制度建设和履行社会责任时，与国有资本相比缺乏内在的动力。

（二）充分发挥国有资本的优势

第一，国有资本能够在一定程度上克服外部性，使外部成本内部化，能够自动地克服环境污染和垄断等负外部性带来的问题，发挥公共品生产和保护国家安全等正外部性。由于国有资本的全民属性，国有企业也不会滥用垄断地位攫取垄断利润，因为攫取垄断利润必然会损害其他行业利益和整体社会福利，而这并不符合国有股东的根本利益。在市场经济中，有一些具有正外部性的行业，由于外部收益无法收回，因此降低了投资的收益率，导致民间资本所有者对这些产品提供不足，国有资本的全民属性能够使这些外部收益内部化，国有资本能够提供更多具有公益性质和保卫国家安全的产品。国有资本全民所有的特点使国有企业能够主动承担更多的社会责任，主动维护社会公众利益，保护环境、保护雇员的利益以及保护消费者的权益。

第二，国有资本能够获得较大的综合收益。除了获得直接的财务收益，国有资本所有者还能够得到税收、就业和经济发展等间接收益。国有资本由国家政府代表全体人民进行管理，国有资本除了直接上缴收益外，还能通过缴税的方式间接增加政府收入以及协助政府实现在社会管理方面的目标。国有企业不仅向政府缴税，还能带动上下游企业的发展，为政府扩大税基，间接增加政府的税收收入。因此，国有资本要更多地投入教育科研等财务收益率较低但对社会贡献大的行业，以及有助于其他行业发展或能够提供类似基础设施功能的领域。

第三，国有资本具有较低的资本成本。国有经济广泛的分散化极大地降低了国有资本面临的风险，资本面对的风险水平与资本的要求回报率高度相关，因而风险较小的国有资本具有相对较低的要求回报率。因为社会综合收益，国有资本对自身增值的要求只是其总体要求回报中的一部分，相对较低的风险进一步降低了资本的要求回报率。资本所有者较低的要求回报率就是企业较低的资本成本，资本成本较低成为国有企业的一个重要优势。国有资本较低的要求回报率或者说国有企业较低的成本衍生出国有资本的另一个重要优势——前瞻性的长期投资意愿和较强的科技创新能力。科技创新需要大量长期的投入，并且风险较高，没有大量的低成本的资金投入不足以支持重大的科技创新，国有资本恰好在这方面具有民间资本不可比拟的优势。

（三）注意克服国有资本的弱势

1. 国有资本具有较长的委托代理链条

现代企业制度实行所有权和经营权的两权分离，所有者委托经理层作为代理人经营企业。国有资本的最终所有者是全体人民，全体人民无法直接行使对国有资本的所有权，需要由政府代表人民来管理全民所有的国有资本，政府通过国有经济管理部门来行使具体的所有权，雇用国有企业的管理者进行国有资产的具体经营。国有企业如此长的委托链条，更高的信息不对称程度带来较高的代理成本，可能降低国有企业的绩效以及国有资本的收益率。

2. 国有资本缺少众多独立的决策主体

市场机制依靠众多独立的分散决策主体，通过竞价产生价格信号，生产效率较高的资产能够获得较高的市场定价，从而实现资源的有效配置。虽然国有企业的数量众多，且都是独立经营的法人实体，但是国有资本的控制者数量较少，不能形成有效的国有资本市场，无法产生有效率的国有资本价格信号。

3. 国有资本缺少客观的评价标准以及有效的监督机制

现代企业制度的一个重要特点就是企业的经营水平能够反映在资本市场的价格变化上。当缺少资本市场的价格信号时，不易判断企业经营的绩效。虽然财务报表可以在一定程度上反映出企业经营情况，但是报表中的财务指标只能反映已经发生的收支情况，并不能反映企业决策对未来业绩的影响，不能反映企业经营的前景如何，也不能反映企业经营风险的水平。资本市场还构成企业经营的有效监督机制，一方面资本所有者可以利用公开的市场价格对经营者实施股权激励计划，另一方面资本市场使企业被收购可能性与股票价格密切相关，即管理层需要通过努力经营提高股价以降低被恶意收购的可能性。由于国有资本缺少足够的市场参与主体，不能充分利用资本市场提供的评价和监督机制。

（四）实现国有资本与民间资本的互补

与国有资本相比，民间资本具备较高的运营效率、配置效率和强大的创新能力。民间资本众多分散的决策主体形成了资本市场不可或缺的流动性，资本市场价格的信号还能成为评价企业经营状况的参考标准和监督企业经营的重要手段。众多的市场参与者使试错求解成为可能，是模式创新的重要途径。对于民营企业，特别是民营小微企业来说，代理问题很小甚至不存在，这也是民间资本的一个重要优势。

除了面临较强的外部性，分散化程度低和投资者的非理性行为也是民间资本的劣势。民间资本的总体规模很大，但每个投资者的规模非常有限，因此，投资分散化程度低导致风险偏大和要求回报率偏高。投资者只会投资于预期回报大于其要求回报率的项目，因而要求回报率高必然导致民间资本可投资的项目减少，这使得民间资本的投资规模小于最优水平。要求回报率高还导致民间资本过度追求短期利益。投资者的有限理性使资本市场并非总是有效的，市场产生的价格可能偏离合理的价格和价值水平。受到情绪的影响，个人投资者对资本的要求回报率的波动可能很大。羊群效应可能使价格的偏离程度加深以及偏离长期存在。这可能导致资源的错配，造成投资的浪费或不足，严重时还能引起宏观经济波动甚至是经济危机。

发展混合所有制经济要做到各种所有制资本取长补短、相互促进、共同发展，最终目的是实现国民经济持续稳定快速的增长。明确国有资本与民营资本自身的优势和劣势特点，才能更准确地定位混合所有制改革的目标，选择适合的民营资本对象和比例。同时，明确国有资本自身的优势，才能更好地吸引民营资本，真正做到取长补短、相互促进和共同发展。

混合所有制企业中国有资本的比例可以成为国家调控经济周期的工具。民营资本的所有者并非完全理性的经济人，受到信心、欲望等心理因素的影响，决策个体对风险的估价会随着经济形势的变化而发生较大波动。因此，国有资本一方面要多进入那些受经济周期影响较大的行业和领域；另一方面在经济波动时通过对混合所有制中的国有股权比例调整来稳定资本成本总体水平。在经济不景气阶段，民营资本要求回报较高、投入不足时增加国有资本的总体投入；而在经济繁荣阶段，民营资本要求回报较低、投入较多时要减少国有资本的规模，防止经济过热。

混合所有制企业中国有资本的比例应根据行业和企业的生命周期进行调整，充分发挥国有资本在产业培育和转型升级方面的作用。根据生命周期理论，行业和企业的发展周期要经历幼稚期、成长期、成熟期和衰退期4个阶段。处于幼稚期和成长期的企业经营风险大、收益低，国有资本应多进入这些行业；当行业进入成熟期后，经营风险变小、收益率提高，国有资本与民营资本的成本差异变小，因为国有资本也是稀缺的资源，所以这时国有资本的投入可以减少或者退出。

（五）推进混合所有制改革

国有企业发展混合所有制时要充分发挥股权多元化的优势。通过引入民间资本参与投资，改进公司董事会的结构，发挥多方利益主体的有效制衡作用，加强股东对企业经营的外部监督，提高企业的经营绩效。混合所有制企业中的员工持股有助于形成资本所有者和劳动者的利益共同体，有利于调动国有企业员工特别是经营管理者的积极性。国有企业发展混合所有制能够促进企业转换机制，推动国有企业完善适应市场经济发展的现代企业制度，实行更加市场化的管理机制。

国有企业发展混合所有制还可以实现国有资产的"资本化"，推动国有经济管理部门按照以管资本为主加强国有资产监管，通过建立和改组国有资本投资运营公司，调整国有资本在混合所有制企业中的股权，实现"国有经济有进有退"，优化国有经济的战略布局。

国有企业发展混合所有制要注重市场化原则。国有资本的存在一定程度上是市场失灵的结果，因此，国有企业发展混合所有制并不能完全由市场来决定，但政府在进行决策时要充分重视市场信号。混合所有制改革不应简单通过政府行政命令推动，而应借助市场机制来有序地推进。国有企业发展混合所有制选择投资者时，不能由主管部门搞"拉郎配"，而要充分尊重市场规律，发挥不同所有制资本的优势，以提高企业竞争力和优化国民经济的结构和布局为目标。在决定国有资本占多少比重等问题时，不能简单地搞行政命令，应充分尊重企业的意见和市场配置资源的决定性作用，根据企业的发展战略科学地制定混合的模式。

国家安全及公共服务领域比较容易界定，而从一般竞争行业中界定出重要前瞻性战略性产业则不容易判断。民间资本具有追求短期利益的特点，因此，对长期和大型项目的要求回报率较高，造成民间资本对这些领域投入的不足，而这些领域就有可能包含重要前瞻性战略性行业，因而国有资本要更多地进入民营资本要求回报率较高的这些行业，而经营风险较小的即民营资本要求回报率较低的行业可以更多地由民营资本来承担。对于市场充分竞争的领域，国有资本可以逐步退出；对于社会经济发展的瓶颈领域，国有资本可以发挥杠杆作用，引导社会资本共同投资。

国有企业发展混合所有制改革时要注重同步推进国有经济管理体制改革。要利用混合所有制的改革反过来促进国有经济管理体制的改革，继续深化政企分开和政资分开，实现以管资本为主加强国有资本监管。国资管理部门要减少对企业的直接干预，管理方式从管人、管事、管资产向以管资本为主转变。对不同比例的持股企业实行不同的监管方式，避免行政性管理向下延伸。积极推动国有资本投资运营公司的组建，推进国有资本分类监管的改革。国有企业发展混合所有制的重要意义还在于推动民营经济的发展和政府职能的转变。当前一些地区经济面临的挑战，并不仅仅在于国有企业的经营效率问题，还有民营经济的创新和发展问题以及政府对经济的管理问题。通过国有企业的混合所有制改革，一方面将国有企业在资本成本方面的优势以及国有企业在制度建设方面的优势注入民营企业当中；另一方面促进地方政府对市场经济的辅助作用，解除政府对市场主体的各种限制，推动政府提高服务水平。

参考文献

[1] 庄序莹，毛程连. 国有资产管理学［M］. 2 版. 上海：复旦大学出版社，2020.

[2] 宋洋. 国有资产与经济风险及安全管理研究［M］. 北京：文化发展出版社，2020.

[3] 黄炜. 国有资产管理［M］. 上海：上海财经大学出版社，2019.

[4] 罗翔，张国富，杨帆. 国有资产与经济安全管理研究［M］. 北京：文化发展出版社，2019.

[5] 刘筠筠. 国有资产管理法律与政策研究［M］. 北京：中国政法大学出版社，2018.

[6] 陈雄根. 国有资产公益诉讼制度研究［M］. 长沙：湖南师范大学出版社，2018.

[7] 孙福勋. 国有资产管理的创新探索［J］. 中国财政，2023（10）：39-40.

[8] 张馨丹. 关于国有资产概念的辨析［J］. 山西财税，2023（1）：47-49.

[9] 李纪聪. 国有资产管理保值增值的实践思考［J］. 中国市场，2023（32）：103-106.

[10] 马永. 论国有资产管理体系的建立与完善［J］. 大众投资指南，2023（25）：71-73.

[11] 何志远. 扎实推进国有资产精细化管理［J］. 人民周刊，2023（23）：66.

[12] 阮琪. 国有资产处置的规范管理问题研究［J］. 区域治理，2023（11）：47-49.

[13] 付芝军. 国有资产管理体制改革的分类实施［J］. 管理学家，2023（9）：64-66.

[14] 谭静，范亚辰，张晓梅，等. 国有资产立法的国际比较研究［J］. 财政科学，2023（4）：116-123.

[15] 王琦. 国有资产绩效管理的问题与对策［J］. 现代企业文化，2022（29）：

34-36.

[16] 张唯. 国有资产管理的内部控制问题探讨 [J]. 经济与社会发展研究，2022 (31)：1-4.

[17] 姚丽. 浅谈国有资产管理体制的改革 [J]. 经济与社会发展研究，2022 (24)：112-115.

[18] 雷婷. 国有资产处置的规范管理探讨 [J]. 产业与科技论坛，2022 (14)：244-245.

[19] 柳靖. 国有资产产权登记管理工作分析 [J]. 中国市场，2022 (12)：63-65.

[20] 王红. 加强国有资产管理 提高国有资产运营效益 [J]. 经济与社会发展研究，2021 (20)：120.

[21] 吴晓婕. 国有资产盘活路径探析 [J]. 经营者，2021 (24)：4-6.

[22] 刘解文，谢小东. 国有资产闲置的成因及对策 [J]. 中国市场，2021 (24)：65-66.

[23] 翟旭莹. 国有资产保值增值探析 [J]. 合作经济与科技，2021 (12)：126-127.

[24] 王文波. 国有资产管理与资产运营机制探讨 [J]. 中国航班，2021 (35)：28-30.

[25] 王美红. 国有资产内部控制管理研究 [J]. 财会学习，2021 (29)：178-180.

[26] 应龙萍. 国有资产管理办法 [J]. 经济技术协作信息，2020 (28)：69.

[27] 杜婷婷，高彬. 加强国有资产管理 提高国有资产运营效益 [J]. 商品与质量，2020 (12)：258.

[28] 孟庆辉. 试析国有资产处置中的问题与对策 [J]. 经济视野，2020 (19)：91.

[29] 苏玲凤. 强化基层国有资产管理的建议 [J]. 中国财政，2020 (17)：65-66.

[30] 周宗兰. 企业并购重组与优化国有资产结构 [J]. 中国产经，2020 (14)：107-108.